AIGC 广告营销新引擎

洪磊　李静　**著**

机 械 工 业 出 版 社

近年来，AIGC 由于技术的快速发展而受到多方关注。AIGC 作为一种内容创作方式，在广告行业中，迅速被用于人群分析、策略生产、创意设计、文案创作、海报制作、视频生成等方面，辅助广告人发起新的“营销战役”。本书将从 AIGC 在广告策略分析、广告洞察、广告创意等方面的应用出发，分析 AIGC 在广告领域的具体应用场景，深度剖析 AIGC 对广告业的影响以及未来的发展趋势，以期帮助广告主及广告营销人员更加高效地完成广告策略制定及内容创造的各个环节。

图书在版编目（CIP）数据

AIGC 广告营销新引擎 / 洪磊，李静著. —北京：机械工业出版社，2023. 9
ISBN 978 - 7 - 111 - 73774 - 2

Ⅰ. ①A… Ⅱ. ①洪… ②李… Ⅲ. ①人工智能-应用-广告-市场营销学 Ⅳ. ①F713. 86 - 39

中国国家版本馆 CIP 数据核字（2023）第 164623 号

机械工业出版社（北京市百万庄大街 22 号 邮政编码 100037）
策划编辑：康 宁 责任编辑：康 宁
责任校对：韩佳欣 张 薇 责任印制：张 博
中教科（保定）印刷股份有限公司印刷
2023 年 10 月第 1 版第 1 次印刷
148mm × 210mm · 7. 125 印张 · 5 插页 · 146 千字
标准书号：ISBN 978 - 7 - 111 - 73774 - 2
定价：59. 00 元

电话服务
客服电话：010 - 88361066
010 - 88379833
010 - 68326294

网络服务
机 工 官 网：www. cmpbook. com
机 工 官 博：weibo. com/cmp1952
金 书 网：www. golden-book. com
机工教育服务网：www. cmpedu. com

推荐序一

宋代纪实故事集《太平广记》中，记载了唐代一个名叫马待封的木匠的故事。这个木匠有个特殊的爱好，就是喜欢发明“机器人”。比如，他曾经给皇后专门打造了一个自动梳妆台。这个梳妆台分两层，当皇后要洗脸梳头时，按一下第一层的开关，里面就会出来一个木头人，给皇后递毛巾、递梳子，然后再自动退回去。当皇后要化妆时，就按一下第二层的开关，里面的木头人又会给皇后递出胭脂水粉等，等皇后用完，再自动退回去。这一套操作比丫鬟伺候得还要到位。

马待封还发明了一种“劝酒机器人”，这个“机器人”伫立在一个大沙盘中的“酒山”里，大沙盘则由一只人工制造的“大龟”在下面支撑，所有机关都被安装在大龟腹内。若有客人入席，启动开关，“酒山”山顶的门就会自动打开，“劝酒机器人”从里面走出来，为客人倒酒，倒完后再自动退回“酒山”里。这一发明也引得宾客连连惊叹。

现在看来，不论是自动梳妆台的“木头人”，还是“劝酒机器人”，都是早期的机器人雏形。

2022 年年末，在大模型与 AI 领域的科研探索中，有一项突破性的成果备受瞩目，那就是研究人员利用深度学习技术和大规模数据集训练出了一种名为 ChatGPT 的聊天机器人模型。这个模型不仅可以根据用户输入的内容产生自然流畅的回复，还可以理解用户的意图，并根据上下文进行合理的推理和互动。而 ChatGPT 模型的大规模出圈，也使人们对 AI 技术的关注度日益增强。尤其在广告营销领域，AI 发挥着越来越重要的作用，它可以使人们在广告营销活动中更加智能地与用户进行互动交流，为用户提供个性化的服务和推荐，从而有效提升营销效果。可以说，AI 作为推动广告营销领域创新的重要驱动力之一，正在引领广告行业革命性的变革。

在广告营销领域，除了 AI 的应用外，交叉科学合作也日益增多。多个学科的融合与互补，为广告营销领域带来了全新的思维方式和解决问题的途径。例如，在大规模数据分析和行为科学领域，研究人员利用社会心理学、统计学、计算机科学等多个学科的知识，深入研究用户行为背后的动机和意图，以便可以更精准地进行营销推广。

在科学技术不断创新，互联网技术层出不穷的大数据时代下，广告营销领域面临着巨大的挑战，但更多的是机遇。在这种情势下，广告营销领域更需要不断地开拓和探索，努力跨越学科的界限，将不同领域的知识相互融合，以应对复杂多变的市场环境。

李静老师和洪磊合作的这本书，正是站在跨学科的交汇之处，以其深入的科学研究和营销实践经验，将理性与感性融合在一起，为我们揭示营销领域“大道至简”的真理，启示我们要善于运用创新思维，结合交叉科学和 AI 技术，制定更加精确的营销策略，为广告营销创造一个绝佳的多学科汇聚、融合创新应用的场景。简而言之，在营销的舞台上，广告从业者要以大模型、ChatGPT 等前沿技术为武器，不断开拓新的领域，实现更高效、更智能的市场推广。

这是一本融合了创新、交叉科学、AI 和跨学科合作的实践之作，它将带领您踏上探索创新的营销之旅，为您打开广告营销领域的新视角。无论您是广告行业的从业者还是营销方面的学者，这本书都将为您提供深入的见解和实用的指导。

清华大学材料学院教授、中国工程院院士、

北京交叉科学学会理事长

周济

推荐序二

2023 年，美国 OpenAI 公司的 ChatGPT 仅用两个月就突破了 1 亿的月活用户，向世界证明了 AIGC 的魅力。讨论大模型、涌现、生成式 AI、多模态 AI 等各种术语，以及使用 Midjourney、Stable Diffusion 等各种 AI 产品，成了判断一个人是否具备“知识”与眼光是否“前瞻”的标准。

面对这一划时代的技术变革，有人兴奋于它的到来，并积极投身大模型的开发和应用这一新的“掘金运动”中去；也有人因此而担心，碳基生命的终极使命只是给硅基生命开路，AI 什么时候会抢了自己的饭碗？

AI 的时代已经到来，到底 AI 会给我们每一个人带来什么终极影响？今天恐怕还很难判断。但是，有幸身处其中，在人短短的一生中可以体验一次伟大的变革，那将会是一件非常幸运的事情。

今天的 AIGC 还处于早期阶段，需要更多的应用场景去学习、迭代和检验，而广告行业应该是最适合的行业之一，原因有三点：

第一，全球的广告行业有近5万亿元的市场规模，中国的广告市场也有1万亿元的市场规模；

第二，广告行业的核心竞争力在于分析、洞察和创意，属于创造性的领域，其拥有大量的数据资产，同时也产出大量的文章、图片和视频；

第三，广告行业连接了众多不同行业的品牌和各年龄段的消费人群。

基于以上三点，AIGC的应用将会在未来进一步提升广告行业的生产效率，广告创意也会插上AI的翅膀，帮助从业者产出更加精彩的内容。

洪磊作为广告营销行业中的一名老兵，在20多年的从业生涯中体验了众多不同的角色，因而也拥有内容、创意、数据分析和模型、产品开发等的实战经验。他主导开发的“销博特”系列产品，现今已成为众多广告行业从业人员的必备工具。这本《AIGC广告营销新引擎》就是从一段ChatGPT对话生成的短篇故事开始，通过理论、实践加案例分析的维度，为我们全面分享他对AIGC未来在广告营销领域应用的思考和建议，相信大家阅读后一定会获得启示。就像书中最后所写的那样：“AI技术终将深入我们的生活，影响甚至改变我们的思维方式、创作过程、工作流程等。与其担忧，倒不如拥抱这个变革的时代。”

希望大家从阅读这本书开始，慢慢去体会和拥抱美妙的"AI +"人生；也希望广告行业的从业者从阅读这本书开始，能够理解 AI 的底层逻辑和实际应用，用 AI 技术为行业赋能，推动广告行业发生革命性的改变。

蓝色光标集团副董事长

熊　剑

序　言

AIGC 广告："艺术"与"科学"的双轮驱动

吴晓孟是一位28岁的营销经理，对公司的业务充满了热情和动力。在一个夏日的周五，他早早地来到公司，坐在自己的工位上开始了一天的工作。

吴晓孟的桌上摆放着一些产品介绍和广告文案，他需要为公司的新产品撰写相关的宣传材料和推广文案。这些文案要吸引用户的眼球，让他们对公司的产品产生兴趣和信任感。然而，他也明白做这些工作需要花费大量的时间和精力。因此，吴晓孟开始思考，如何才能提升自己的写作效率和文案质量呢？

吴晓孟忽然想起，前段时间听说过一些关于AI的营销工具，包括ChatGPT、Persado、RunwayML和Copy. AI等，这些工具是不是可以给自己带来一些帮助呢？他想尝试一下。

吴晓孟首先打开了ChatGPT的网站，输入一些关键词。他想要为公司的智能手环撰写一篇生动、精准的产品文案，使用户对这款产品产生兴趣，于是他输入了一些关于智能手环的特性和功能的关键性信息，如支持多项运动模式、心率监测、健康数据分析等。随后，他按下了“生成文案”按钮，等待结果的出现。

几秒钟后，一篇令人惊叹的产品文案出现在吴晓孟眼前。这篇文案非常精准地描绘了这款智能手环的功能和特点，让吴晓孟相当满意。接着，他又为这篇文案增加了一些创意和修饰，让它看起来更加生动有趣。

接着，吴晓孟开始尝试使用 Persado 和 Copy. AI 这两款工具。Persado 可以帮助他精准绘制用户画像，更好地了解用户需求和喜好，从而生成更符合用户心理的营销文案。而 Copy. AI 则可以帮助他在几秒钟内生成高质量的广告和营销报告。通过这些工具，吴晓孟就能更加精准、全面地了解用户的需求和喜好，为公司的产品创造更多的价值。

最后，吴晓孟使用了 RunwayML 这款工具，它可以帮助自己更快速地编辑视频，提高视频的制作效率和质量。利用这款工具，吴晓孟在很短的时间内就完成了一个高质量的视频。

不过，在使用这些 AI 工具的过程中，吴晓孟也遇到了一些挑战，比如如何平衡 AI 生成的内容和自己的创意、如何保持文案的个性化和情感化等。但是，他也清楚地知道，AI 技术生成的产物不能完全代替创意，而是在协助创意，让广告和营销文案更加精准和高效。他决定继续探索这些 AI 技术，以便可以在工作中不断地应用它们为自己的营销工作锦上添花。

以上这段内容是使用GPT-3.5多轮会话后的结果。

在这个过程中，我先输入一段引导性文字，其中涵盖“Jasper. AI帮助企业和个人撰写营销推广文案和博客等各种文字内容”“Copy. AI是一个通过AI写广告和营销文案的创业公司”“AI视频编辑器RunwayML以及Persado结合营销心理学绘制精准用户画像”等关键信息，要求ChatGPT根据这些信息撰写一篇文章，并且其中需要融入ChatGPT的相关内容。

初稿出来之后，我感觉缺少细节，所以又进行了人物设定，即“吴晓孟、男、28岁、营销经理”，时间设定是“在一个夏日的周五”，然后要求ChatGPT“更场景化地描写以上内容”。经过几轮与ChatGPT会话之后，便有了上述内容。

由此，我们也看到了ChatGPT的强大之处。它是加载了GPT-3.5的自然语言处理模型，可以通过学习和理解人类语言，与人类进行对话，并根据人类要求来撰写邮件、创作诗词、编写故事、拟定脚本、制定商业提案等。不仅如此，它还可以根据先前的对话内容或场景信息，自动识别人类的情感、语气等语言特征，从而生成更富有创造力和表现力的文本。

可见，以ChatGPT为代表的AIGC技术已经开始逐步应用于广告营销领域，帮助广告从业者更好地理解消费者的需求和情感，使他们可以更有针对性地撰写文案、制定策略，为他们提供更加高效、便捷的创意生成方式。

蓝色光标集团的最新调研数据显示，广告从业者对于AIGC

的使用持有较为积极的态度。76.99%的受访者认为，广告创意既是理性科学又是感性艺术，这意味着广告创意需要综合运用理性思维和情感体验；而76.11%的受访者认为，现在的AI技术可以作为辅助工具来生成创意。也就是说，AIGC在广告创意生成过程中可以为广告人提供更多创意灵感和思路。另外，74%的受访者还认为，AIGC技术能够与广告产业很好地结合，提高广告行业的生产效率，为广告发展带来新的思考方向，让广告创意更有意义和价值。这些数据表明，广告从业者对于AIGC技术的认可度正在逐步提高，AI在广告营销领域的应用前景被广泛看好。

在广告行业发展的大部分时间里，广告创意的生成方式是由人类大脑来完成的。广告的本质是通过创意和内容来激发受众的情感，以达到宣传和推销的目的。而作为一种创意活动和推销手段，广告又与修辞学密切相关，广告的内容和创意需要借助各种修辞技巧和表达方式来传达信息和吸引消费者，因此，修辞学对广告的设计和传播也起着重要作用。基于此，米歇尔·梅耶（Michel Meyer）曾将广告描述为一种修辞手法。

广告的商业模式起源于媒体销售，直到21世纪，随着广告创意理论的兴起，广告才从媒体销售模式中脱离出来，成为一种单独的营销模式。这时，广告便需要更加深入地研究消费者群体的影响，并采用更多手段进行组合。在这种情况下，广告策划与策略思维开始出现并发挥效用。

随着互联网时代的到来，新型媒体广告开始崭露头角。天然具备技术基因的互联网公司首先将 AI 技术应用于媒体端，如互联网广告、媒体渠道选择、媒体投放、受众分析、人群圈层等。而所有这些广告活动中的内容创作与广告创意，也离不开 AI 的参与。之前完全由人类大脑完成的工作，现在逐渐由 AIGC 技术所取代。尤其是大型语言模型 GPT-3.5 的出现，以自动化的方式批量生成各种形式和风格的广告文案与创意，让广告主的个性化定制成为可能。这是一场翻天覆地的变革，因为它不仅涉及受众分析、洞察挖掘、创意生成、内容制作等方面，还包括媒体投放等各个环节。

AIGC 技术的不断进步，既引起了广告业的巨大变革，也引起了人们对于广告创意过程的重新审视。广告到底是科学还是艺术？这个问题自广告诞生之日起人们便争论不休。而如今，AIGC 技术既有理性的算法，也有感性的创作，在广告的科学性和艺术性方面进行双轮驱动，成为广告营销活动的新引擎。

为了让广告从业者尽早了解 AIGC 技术在广告营销方面的作用与价值，以及这个新引擎未来将如何影响广告业的发展方向，我们编写了这本书。

在本书第 1 章，我们从广告营销的修辞学本质谈起，科学分析了广告创意与算法模型之间的冲突，揭开了广告业发展所遭遇的挑战。而挑战也意味着机遇的出现，AIGC 技术作为广告业的新引擎，便为广告业带来了新的机遇，即：精准投放优化、专家式分析、辅助式生成以及专业级生成。

AIGC 广告营销模型离不开科学的广告经验、广告公司的方法论以及咨询公司的营销模型等广告营销的底层方法论与 AI 技术的相结合。因此，在第 2 章，我们总结了 AIGC 广告营销模型架构的三大模块：分析模块、洞察模块和创意模块。

在接下来的三章里，我们分别从 AIGC 广告营销模型架构的三大模块进行了详细分析和论述，为广告从业者提出了科学的方法论。

在分析模块中，广告公司可以借助经济假设理论和数学分析，从宏观方面、竞争方面与人群方面更好地识别、分析和洞察受众，探讨消费者的购买决策，再借助机器算法与数据分析技术更好地为消费者服务。

在洞察模块中，广告公司可以结合消费者的感性直觉与理性决策，从多个维度出发，通过对多个用户画像的交叉分析找到洞察点，再利用自然语言处理与情感分析技术，深入洞察用户的心理与行为，从而更有针对性地生成富有个性化的广告内容。

在创意模块中，广告公司可以构建一个基于 AI 技术的创意引擎，使用创意专家系统和 AIGC 创意内容生成器等工具获得更多的创意灵感与创意内容，更加高效地生成广告内容，从而吸引更多受众关注，引起更多用户共鸣。

可以说，在广告的未来发展历程中，AI 技术将扮演越来越重要和不可或缺的角色。但是，我们也要看到，AIGC 依然是一件工具，它可以生成生动、有趣、个性化的广告文本，却仍然缺乏人类的情感与创造力，无法像人类一样去理解并运用修辞学的原则与技巧，使广告创意更具创新性和灵活性。因此，我们可以将 AIGC 作为广告创意的辅助工具，而不能用其完全替代人类来进行创意和思考。我们要做的不是完全依赖 AI 技术，也不要因为担心它会取代人类的工作而"仇视" AI 技术，而是与 AI 技术联手，取长补短，不断优化这个产品工具，共同推动 AI 技术与广告行业的长久发展，使 AI 技术成为广告产业全面转型的关键引擎。

目录

AIGC

广告营销新引擎

第 1 章 AI +广告，无与伦比的惊艳

AI + 广告，无与伦比的惊艳，如同心灵的烈焰，点燃了创意的火花，照亮了思维的迷雾，激发了人类的想象力。在这个无垠的数字时代，广告已经不再是简单的推销工具，而成为一种艺术形式，一种能够触动人们灵魂的诗意表达。

时间：2023年3月16日

地点：上海浦东丽兹卡尔酒店

人物：4A广告公司业务总监 伍恩豪

早上7:30，伴随着上海浦东丽兹卡尔酒店闹钟的准时响起，伍恩豪快速起床。简单洗漱后，他来到书桌前，打开笔记本电脑，投入到一天的创意生活中。今天，伍恩豪的工作是进一步优化客户提案。

十年前，伍恩豪还只是4A广告公司的实习生，如今他已经通过自己的努力成长为公司消费品事业群的业务总监了。作为整合营销的Leading Agency[一]，伍恩豪正带领团队为一个世界500强企业消费品客户提供全案营销策略咨询方案。

第一版方案出来后，见多识广的客户对其中的很多内容都不满。于是，伍恩豪只好与团队小伙伴继续奋战，对方案

㊀ Leading Agency指负责策略与创意的主导商。由于广告营销行业较为常用，故本文使用其英文名称。

进行优化。

这一次，伍恩豪带领的团队中除了创意设计师秋子、客户经理铭佳和设计师嘉翔外，还引入了众多 AIGC 成员。

秋子组织团队成员与 ChatGPT 展开了一场场头脑风暴，让 ChatGPT 生成 Slogan（标语），然后团队再对其进行润色加工，希望新颖的创意可以得到客户的好评。

铭佳通过学习各个平台的策划方案、数据报告、营销案例、经典文案等，不断构建自己的知识体系。他的聪明才智让他在策划过程中游刃有余，佳作频出。今天，铭佳让 ChatGPT 对资料进行总结整理和收集案例，并提供启发文案，对 ChatGPT 的策划能力刮目相看。

嘉翔则用 ChatGPT 起草了一个创意视频文本，再使用 Midjourney 快速做出配图。他很快意识到，AI 作为一种新型工具，将会像 Photoshop 一样被设计师广泛接纳和使用。

由于团队成员的杰出能力，再加上 AIGC 成员的“加盟”，原本 8 ~ 10 天才能完成的提案、绘图、策划、创意、策略输出等工作，伍恩豪团队只用了 2 天时间就完成了，大大提升了文案的创作效率和产出效果。

那么，AIGC 是如何为伍恩豪团队赋能的呢？未来，它又会为广告营销行业带来怎样的变革呢？

这还要从 AI 营销的发展历程及广告营销的本质说起。

1.1 欢迎来到 AI 营销时代

2016 年 3 月，在韩国首尔的四季酒店，世界围棋冠军李世石与 AlphaGo 进行了一场围棋人机大战，最终李世石被 AlphaGo 击败。

这一事件给很多人带来了巨大冲击。一直以来，人们都认为下围棋下得好的人具有极强的思维能力，世界围棋冠军的思维能力更是胜于常人。但令人没想到的是，计算机却在围棋棋盘上战胜了人类，这也预示着 AI 技术正在超越人类智能。不过，当时人们还觉得，充斥着“创意”和“艺术”元素的广告营销行业应该很难被 AI 渗透，或者说 AI 距离广告营销的内容创作方面还很远。因为广告营销包含一定的创意性、随机性和灵感性，而 AI 是一种建立在科学和数据分析基础之上的智能技术。

然而，就在 AlphaGo 诞生的第二年，2017 年 1 月，意大利轻奢内衣品牌 Cosabella 便宣布放弃与传统广告营销机构合作，更换广告公司，由 AI 公司来完成各项具有创造性的工作。从此，这家轻奢内衣品牌的 Leading Agency 头衔便属于“Albert”机器系统，而 Albert 的广告效果也非常让人惊讶。

Cosabella 首席执行官圭多·坎佩罗（Guido Campello）在一份声明中表示：“在与 Albert 和其他 AI 合作伙伴合作之后，公司不再雇用工作人员来管理广告营销业务，而且公司会把这些技术性的业务交给专门的 AI 公司，我们的员工将专心完成更有战略意义和创造性的工作。”

通过全流程自动化的编程，Albert 可以从头到尾地执行内衣品牌的多渠道营销任务。

首先，Albert 会通过电子邮件、移动端等搜索、定位潜在客户。

其次，Albert 会分析客户在各个网站上驻留的时间，对不同客户运用有针对性的号召性用语和直接营销策略。比如，对于在网站上浏览时间只有几秒钟的客户，Albert 会认为他们对产品不感兴趣，之后便不再对其营销。

最后，Albert 还能运用在线跟踪功能，准确地定位客户足迹，从而识别出客户是通过哪种方式完成了购买行为。

以上的营销方式，不但大大降低了该品牌广告支出的成本，还提高了品牌搜索和社交广告支出的回报率。

与此同时，Cosabella 还迅速与另一家 AI 公司 Sentient 达成合作协议。其中，由 Albert 专门从事跨渠道营销活动的管理，Sentient 则专注于对网站内容的优化。这一销售策略为 Cosabella 带来了巨大的投资回报。

可以说，从 2017 年起，AI 在广告营销领域就开始进行广泛的应用尝试了。2017 年 3 月，在伦敦举行的英国广告行业年度会议上，日本广告公司麦肯（McCann）展示了一款名为 AI－CD β 的机器人，由它来担任该公司广告片的创意编剧。美国人工智慧（Automated Insights）公司则用 AI 来自动撰写财经类、体育类等新闻报道，如今已成为 AI 内容生成解决方案的提供商；WIX 配合网站模板自动化生成网页设计；Tailor Brands 则利用 AI 为产品推广及媒体活动提供 logo 设计及 VI 管理。

2022 年，AI 又为广告营销创作带来了更大的惊喜，一款名为 DALL-E 2 的 AI 绘画模型诞生，并在短短几个月时间内风靡全球。8 月，一幅名为《太空歌剧院》的 AI 绘画作品在美国科罗拉多州艺术博览会上取得数字艺术类冠军。这幅作品的画面风格生动细腻，几乎可以与人类绘画作品相媲美，而它的创作者却是一家桌游公司的老板，名叫杰森·艾伦（Jason Allen）。他利用 AI 绘图工具 Midjourney，通过一个类似“文字游戏”的过程，向其中输入题材、光线、场景、角度、氛围等有关画面效果的关键词，使之自动生成图像，然后再用 Photoshop 进行调整和修改，最终完成了这部几近完美的作品。这件事给艺术界带来的冲击不亚于 AI 第一次击败人类围棋冠军，AI 绘画能力的强大，也使 AI 彻底惊艳了广大广告行业从业者。

2022 年 10 月，Jasper·AI 宣布估值超过 15 亿美元，同时将获得的 1.25 亿美元 A 轮融资用于打造公司的核心产品，该产品正是帮助企业和个人生成营销推广文案和博客等各种文字内容的 AI 工具。在广告文案创作方面，Copy.AI 也是一个通过 AI 撰写广告和营销文案的创业公司，它可以帮助用户在几秒内生成高质量的广告和营销文案。基于 AI 的视频编辑器 RunwayML，其用户也已突破几十万，其中包括在多个知名节目工作的视频编辑。在具体工作过程中，AI 会结合营销心理学绘制精准的用户画像，再由 Persado 通过自然语言处理和机器学习自动产生的行为和态度的数据，最终生成完整的个性化文案。

2022 年 12 月，ChatGPT 成为 AI 界被热议的焦点明星。ChatGPT 是由 Open AI 开发的一种基于大规模预训练的语言模型，通过学习大量的语言数据而自动生成各种文本，包括文章、新闻、邮件、社交媒体帖子等。用户只需要输入关键词和文案需求，ChatGPT 就能快速生成符合用户要求的营销文案。除此之外，ChatGPT 还能用于自然语言处理和情感分析等领域。比如，在客户服务领域，ChatGPT 能自动回复客户提出的问题，从而节省企业客服人员的时间和精力，并提高客服服务的效率和质量。

在 2022 年之前，人们对 AI 的印象还只是“不懂风趣的理工男”，虽然它有着严密的逻辑和超强的记忆力，但也只能从事一些可重复性高的日常工作。但是，AIGC 技术的出现彻底颠覆了人们对 AI 的认知。在 AI 领域，AIGC 被认为是继数字孪生、虚实结合、元宇宙之后的下一个前沿热点。

AIGC 全称为 AI-Generated Content，中文翻译为“人工智能生成内容”，是一种基于生成式对抗网络 GAN、大型预训练模型等人工智能技术，通过已有数据寻找规律，并通过适当泛化能力生成相关内容的技术。

AIGC 技术的出现，为营销行业带来了巨大的想象空间。它意味着，AI 在营销领域不仅能应用于用户画像分析、广告投放，也可以用于广告营销的内容生产，同时也意味着 AIGC 技术首次触及了广告营销内容创作的本质——修辞学。

1.1.1　广告营销的修辞模型本质

古希腊哲学家亚里士多德（Aristotle）在其著作《政治学》中，曾梦想能发明一种具有创造力的机器，它可以实现自行演奏。亚里士多德认为，这种乐器的出现意味着奴隶的解放和奴隶制度的终结。他还写道："如果每个'伙伴'被安排好，或是自然而然地做那些适合它们的工作……那就没必要再有师徒或主奴了。"

亚里士多德提到的"伙伴"，就相当于今天的"AI"。但这个"伙伴"的创造力并不是凭空产生的，它可以总结旧的想法，带来新的创意。对于它的这一功能，亚里士多德早在 2000 多年前就给出了科学的论证。

亚里士多德曾将科学分为理论科学、实践科学和创造科学，这也是现代西方科学的三层模型。基于亚里士多德对科学的阐述，科学模型结构的顶层应该是强调理性的理论科学，底层是趋于感性的创造科学，实践科学则介于两者之间（见图 1－1）。

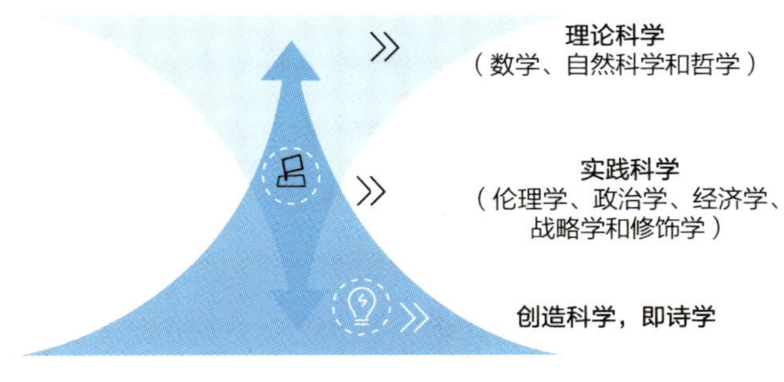

图 1－1　科学模型的结构

广告就是介于理论科学与创造科学之间的实践科学，也是一门结合了经济学、修辞学、战略学等的综合性学科。尤其是修辞学，更是如今广告学的基础学科。

修辞学也是由亚里士多德开创的一门学科。作为古希腊学术的集大成者，亚里士多德写了大量的修辞学论著，在他的《修辞学》一书中，他不仅为修辞学下了定义，认为修辞学是“说服人相信任何东西，或者促使人行动的语言艺术”，更是系统地总结了各种修辞技艺，阐述了较为完整的修辞理论思想。

后来，法国哲学家米歇尔·梅耶（Michel Meyer）在研究亚里士多德的修辞学时，又重新挖掘了修辞学的三个概念，即性情（代表主体）、逻各斯（体现在言语、情节、叙事、故事、准则、道理、法律、政治理念等之中）和感情（体现在对话方或接受方身上）。他将这三者视为修辞学的支柱概念，并分析和阐述了三者之间的换位关系，体现了修辞学的辩证法。同时他还指出，当经济演变为修辞时，就产生了广告；广告“把玩”距离，以期待在受众那里创造欲望，最终再来宣称这其中的距离是可以通过金钱换取的。简而言之，广告就是了解需求，并根据产品自诩可以解决各种问题而刺激需求的修辞学。或者说，广告营销的本质就是一种“把玩距离”和“创造欲望”的修辞学。

如图 1-2 所示，这个广告修辞体系就是由“心理距离和社会距离”两个象限构成。其中，横轴是心理距离（个体情绪的性情和群体感受的感情），纵轴是社会距离（个体地位和权利的性情、感情），两条轴中的“性情”表示的是一种个体的地位和权利，“感情”表示的是在社会中的权利和义务。横轴和纵轴交叉的中间点就是逻各斯，也就是通常意义上的“理性”。

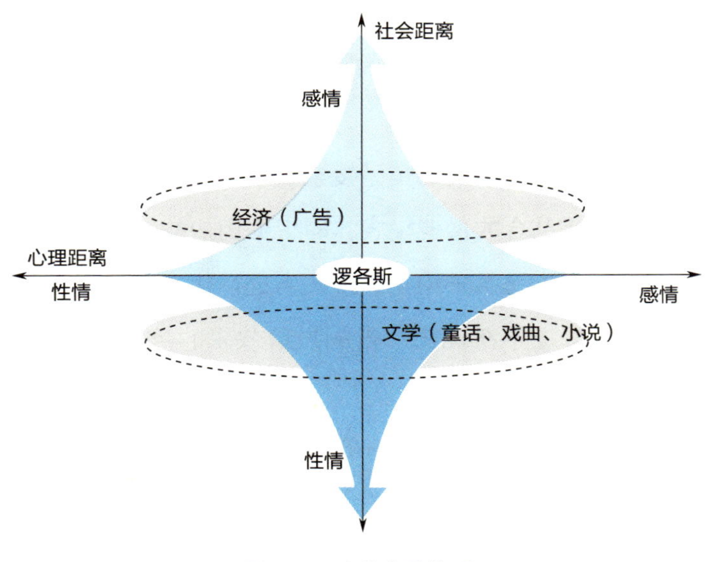

图 1-2　广告修辞体系

米歇尔·梅耶还将广告与文学进行了对比，认为广告营销和文学创作都属于修辞学下面的一个思想体系。也就是说，广告营销具有修辞学的基因和本质。广告人通过运用各种修辞手法和技巧，创造出各种吸引人的广告语言和广告形象，使广告创意更加鲜活、更富有生命力，从而对消费者心理产生积极影响，激发消费者的购买欲望。

1.1.2 广告创意和算法模型的冲突

1997 年，两位来自斯坦福大学的博士生在搜索引擎这种广告模式中加入了更好的模型和算法，由此诞生了大名鼎鼎的谷歌（Google）搜索。从 1998 年起，以谷歌为代表的搜索引擎开始引领互联网的潮流。

与普通门户网站不同的是，搜索引擎的商业变现模式采用的是与搜索服务相结合的付费模式，即根据用户的实时兴趣定向投放广告。这种广告通常采用竞价方式来进行售卖，广告主可以根据用户的实时兴趣不断优化广告的投放效果。与门户网站相比，这种广告的投放精准度更高。

2005 年以后，油管网（YouTube）、葫芦网（Hulu）等在线视频业务的流量呈现攀升趋势。由于其广告投放模式与传统电视广告类似，所以在线视频网站也开始不断蚕食传统电视的广告市场。

在这一时期，互联网广告逐渐得到众多广告商的青睐，其主要原因有三点：一是用户使用互联网的时间越来越多，广告主为了抓住用户，便不断增加互联网广告的投放力度；二是在线广告投放门槛不断降低；三是互联网广告投放更加个性化，并可以通过 A/B 测试进行量化的评测和优化。

随着互联网广告商业的蓬勃发展，越来越多的企业开始关注广告的算法模型研究。2008 年，雅虎（Yahoo）研究院资深研究员安德雷·布罗德（Andrei Broder）首次提出计算广告学（Computational Advertising）的概念，它是一门由信息科学、统计学、计算机科学、微观经济学等学科交叉融合的新兴分支学科，主要研究“语境、广告和受众”三者之间的最佳匹配。计算广告学的出现，更是给传统广告学科带来了巨大的颠覆与挑战。它不仅解决了广告主一直以来想解决的广告精准投放问题，使广告投放的精准度更高，同时也极大地提升了广告运作的效率。广告主似乎从这种算法中看到了自身掌控市场的能力。

但是到了 2009 年，互联网广告带来的问题开始逐渐凸显。3 月，英国广播公司（BBC）采访了 WPP 集团（Wire & Plastic Products）联合创始人兼 CEO 马丁·索雷尔（Martin Sorrell），在采访中，马丁·索雷尔提及广告业的两个变化：一是字母“G”，代表谷歌，它为整个广告行业带来了结构性变革；二是字母“R”，表示衰退，即过度依靠高科技的媒体公司一直面临着结构调整带来的巨大压力，成本高得令人望而却步。

2010 年，全球顶尖广告传播集团宏盟集团（Omnicom）与谷歌宣布建立合作关系。根据约定，宏盟集团在未来两年要花费数亿美元通过谷歌为自己的用户购买在线品牌广告。2015 年，谷歌又成为 WPP 集团最大的合作伙伴，WPP 集团要将客户的大部分广告预算投入谷歌。这一年，WPP 集团的媒体业务开支共计 750 亿美元，其中投放到谷歌广告中的费用就高达 29 亿美元，这一大笔广告支出对 WPP 的业务造成了巨大影响。

2017 年，WPP 全年流水为 555.63 亿英镑，同比下跌 5.4%，刷新了 2008 年世界金融危机之后集团增长最少的数字。与此同时，WPP 的主要竞争对手宏盟集团、IPG（Interpublic Group of Companies）等同样不好过。这一年，宏盟集团全年营业收入下滑了 0.9%，IPG 的净利润下滑了 5.9%。

然而，这一年谷歌母公司字母表（Alphabet）的全年营收却首次超过了 1000 亿美元，广告业务极速增长。根据 eMarketer 数据，2017 年谷歌和脸谱网（Facebook）两家巨头的广告收入预计共达 1065 亿美元，相当于全球广告客户在数字广告上总支出的 46.4%。

与 WPP、宏盟集团等一起迎来寒冬的，还有整个传统广告行业。用大创意打造一个商业盛世的年代已成为过去时，以谷歌、脸谱网为代表的互联网巨头正在颠覆传统广告的代理模式。广告业有一句无人不知的名言："你的广告费里有一半是浪费的，只是你不知道浪费的是哪一半。"而事实上，与其说数字媒体效果更好，倒不如说这句"名言"更容易击中广告主的心智——没人希望自己的广告费被浪费，更没有人希望自己不够聪明。

不得不说，传统媒体在评估效果方面确实比较落后，这也是数字媒体快速发展的主要原因之一。没有一个商家能拒绝，客户购买的每一次点击、浏览、跳转或裂变都是有数据可看、可参考、可说明、可精确地计算 ROI 的。所以，商家也越来越乐意将大把的金钱花在这些ROI可量化的数字媒体上。在这种“效果可见神话”的催眠之下，越来越多的营销品牌也变得短视，只追求短期可见的营销成效以及由此带来的KPI增长，而不愿再把更多的钱花在广告创意上，忽视了对企业品牌核心价值的关注。

可以说，当一切向着“以数据为中心、结果导向、转化关注”进行转变时，技术与营销的结合方式已经达到了极限，而一味地追求这种方式，只会违背最基本的、以修辞学为基础的广告营销常识，远离广告修辞模型的本质，使广告营销逐渐从一门创意学科转变成了一个追求精准的数学命题。

1.1.3 给广告业装上“AI大脑”

马丁·索雷尔曾指出，广告业应分为广告服务和营销服务。效果转化的精准投放只是广告服务新媒体中的一个方面，但它的占比日益增加，增速更是惊人。而出于短期利益的考虑，广告业又纷纷选择与精准科技为伍。从短期来看，这种精致的务实主义似乎并没有错，以数据为中心的精准触达对广告效果转化确实很有帮助。

然而，当精准的红利被逐渐耗尽，效果转化的弊端日渐凸显，广告营销者便不得不重新寻找机会。这时，AI营销出现了，它可以利用数据库的现有资源，根据受众群体的消费习惯和行为特征，为不同的广告主提供各种不同的个性化广告方案。

不过，想要让 AI 与广告业完美结合，还需要深度思考更多问题，不仅包括广告如何更精准地投放，还包括如何让机器进行策略思考、如何进行数据分析和消费者洞察、如何进行创意生成、如何撰写文案、如何进行媒体投放及效果评价等。换句话说，AI 生成广告内容的过程，同样要建立在科学架构的基础之上，要使科学与技术之间达成一种相辅相成的关系。

为了尝试“构建一种不同的商业模式”，2018 年 7 月，离开 WPP 不久的马丁·索雷尔另起炉灶，通过其麾下的 S4 Capital 收购了荷兰数字制作公司摩课士（MediaMonks）。之后，他仅用一年时间，又接连收购了 MightyHive、Firewood 等，并与旗下数字内容机构摩课士合并。通过持续收购，马丁·索雷尔逐渐强化其数字化战略，意在为全球或区域性客户提供数字化的品牌营销服务。

事实上，AI 营销技术的不断发展，必然会对整个广告行业产生深远的影响，广告的创意、研究、定价、投放和评估等方面，都可以为广告行业提供有效支持。比如，广告人只需要提供相关的关键词和主题，AI 写作技术就可以自动生成大量高质量的创意文案，提高广告效果；AI 相关机构可以分析大量的营销数据，精准定位用户，实现最优化营销效果；AI 还能用于投放的智能匹配，将广告内容准确无误地匹配用户当时的行为和语境，提升广告的曝光效果。此外，AI 技术还可以通过算法自动分析用户反馈，再基于大数据进行更准确、全面的数据分析，从而掌握广告口碑数据，帮助广告人对广告进行有针对性的调整和优化，提升客户满意度。

总之，如果 AI 技术能让广告营销有媒体属性和广告主体的延伸，就相当于为广告业装上了 AI 大脑。这一切的改变，也必然会为广告行业的发展带来全新的机会与挑战。

1.2 AIGC：广告业的新机遇

回顾广告营销的发展史，我们会发现，即使是那些拥有无数经典案例、多年深耕于传统广告领域的巨头公司，现在也已经渐渐“放下身段”，尝试着接触 AI 营销。之所以如此，是因为 AI 营销是代表未来的，其紧跟时代发展而延伸出的各种新颖的营销手段正在飞速占领广告市场。广告业已经重新开始大组合，营销与商业的界限将逐渐被打破，营销与数据将会实现无缝衔接。

2022 年 2 月，Disco Diffusion 推出了 AI 图像生成平台；4 月，OpenAI 推出了新模型 WALL-E2；5 月，谷歌发布 Imagen 与 DALL-E 2 同台竞技；8 月，Stability AI 推出 Stable Diffusion……随着 Diffusion 扩散化模型的推广，真正让文本生成图像的 AIGC 应用也开始为大众所熟知。

AIGC 是继 PGC（专家生成内容）、UGC（用户生成内容）之后产生的一种新型创作模式，它可以将 PGC 的专业性与 UGC 的用户参与进行完美结合。对于用户来说，AIGC 操作简单，只需要输入相关信息，如文字描述、自身标签或情绪等，AIGC 就会调用专家系统（图片库、语料库等），并通过专家的知识体系对这些元素进行自动生成。这种专业内容创作门槛的降低，无疑释放了广告营销内容创作的无限生产力。同时，AIGC 的出现也意味着广告内容创作者可以从繁杂的基础性工作中解脱出来，将更多的精力放到创意表达上面。

可以说，AIGC 的繁荣发展将直接影响广告营销方式，并为其带来全新的机遇。广告主可以通过 AICG 技术成倍地提升内容生产效率，创作出形式更加多元化的内容。在竞争激烈的市场中，除了内容创作端以外，在创意、表现力、传播、迭代、个性化等方面，都能够充分发挥技术优势，提升内容交互端的良好体验。这也是未来内容创作行业，甚至是人类工作方式的整体趋势。

1.2.1 AIGC 广告营销的四个阶段

“AI 是如何创作的？”

这个问题常常困扰着 AI 营销产品开发团队。对于理论科学的研究，西方科学实验可以进行证明；但对于创造科学的研究，如由机器创作的乐曲或标语，如何证明它是好的，或者判断它是对的？这是个问题。

作为一个基于 AI 技术的产品开发，AIGC 要改变广告行业的整体发展方向，的确需要有以科学为基础的逻辑框架。但这还远远不够，它还需要利用机器激发人类提出有创造性的新见解的能力，促使人类不断挑战自己的思维模式，以及不断提升自己的理解能力。当然，在这个过程中，AI 技术也在不断进化。而从 AI 发展到 AIGC，需要经历四个发展阶段：

第一阶段（2003 ~ 2012 年）精准投放优化期：数字化广告的诞生，通过技术来实现广告的有效投放。

互联网广告是互联网企业早期采用的商业模式，雅虎就是借助这种方式成为第一代网络巨人的。将媒体资源数字化、用户注意力数据化，再将其转化成广告模型，然后利用精确的数学工具圈选广告投放的目标人群，最后将广告精准地投放出去。这些原本烦琐的流程，通过互联网实现了自动化。

2003 年 3 月，谷歌优化了这一流程，推出了 Adsense。这是一款谷歌网络广告产品 AdWords 的延伸方案。AdWords 是在搜索结果页面附近投放广告，广告商按用户点击量进行付费。而 AdSense 推出后，便将 AdWords 方案向博客及其他商业网站延伸，并与这些网站共享网络广告收入。由于 AdSense 拥有一个超过 3 亿条边的贝叶斯网络来学习如何推送广告，使各个网站所投放的广告更有针对性，点击率也较之前有大幅增长，为谷歌创造了相当可观的收入。

第二阶段（2013～2017年）专家式分析期：随着大数据的兴起与应用，AI技术结合工程体系模拟专家的辅助决策。

Salesforce公司推出Radian6后，Radian6可以通过对博客、论坛、网站和新媒体等互联网社交媒体进行学习，然后模仿专家，将自然语言处理技术和专业知识相结合，快速对文本进行分析，并输出基本的分析师观点，从而帮助品牌主快速获取网络平台用户对品牌的信息反馈。

在这一阶段，与Radian6同类型的产品有很多，比如Sysomos、BuzzLogic Insights以及Crimson Hexagon等。其中，Crimson Hexagon的意见分析引擎可以对文本进行更深入的分析。还有一些产品会通过洞察人群画像模拟分析师对各种数据进行分析，再与CRM工具结合，形成中小企业社交平台的运营工具；也有不少DMP和平台对广告投放的内容效果进行分析，并给出相应的优化建议，经过数据分析后再结合素材投放广告。

以上利用AI技术收集某一小领域专家所拥有的知识，类似于建立了一个专项领域范围内的“专家系统”，辅助人们更好地做决策。可以说，AI研究人员从概率论和经济学的角度设计了许多强大的工具来解决这些问题。

第三阶段（2018～2022年）辅助式生成期：广告营销内容辅助创作，AIGC与营销人交互完成内容创作。

2018年，利用AI技术创作的《埃德蒙·贝拉米画像》在纽约曼哈顿的佳士得拍卖行里拍出了43.25万美元，成为AI绘画领域的标志性事件。2022 年，《太空歌剧院》的获奖再次使得 AI 绘画名声大噪。

除了绘画技术之外，文案内容创作技术也在不断发展。比如，阿里的悉语智能文案就可以一键生成电商商品营销文案。在网上购物平台随意复制一款商品链接添加到工具中，再点击生成文案，悉语智能文案工具就会自动生成该商品的营销文案，包括场景化文案、内容营销文案、商品属性文案等。弈写则是一款 AI 智能写作神器，只需在工具中输入一个关键词，它就能自动生成多篇初稿文章，并自动保存，使用者只需筛选后简单修改，即可使用。此外，用 AI 剪辑技术加以微标签化处理，一些基础的视频也可以快速组合生成。

在 2021 年之前，AIGC 的主要成果还是文字；但 2022 年，新一代 AIGC 模型可处理的模态日渐丰富，并支持跨模态产出，支持 AI 插画、各种配套营销视频等常见应用场景。在这些 AIGC 内容生成技术领域，文本已经比较成熟，从文本到图片、再从图片到视频的生成技术，已经进入市场规模应用阶段。

第四阶段（2023 年之后）专业级生成期：全方面广告营销内容融创时代，机器完成 AIGC + Web 3.0 一体化时代。

在广告的创意、表现力、迭代、传播、个性化等内容生产方面，AI 技术充分发挥了其技术优势；而 AIGC 出现后，更是极大地提升了内容交互端的体验，从之前的辅助生产激发灵感逐步过渡到驱动内容创造，通过积累模型和数据来完成对人类营销场景的学习和模拟，包括创意自动生产、策划自动生成、撰写稿件（文本）、制作海报（图片）、制作视频（视频）等。

基于大量的数据和超大的模型，机器可以更加深入地学习训练神经网络对话系统，包括谷歌的 Meena、OpenAI 的 GPT-3.5、百度的 PLATO，还有聆心智能与清华团队共同发布的 OPD（Open-Domain Pre-trained Dialogue Model）等。在这些系统学习的过程中，系统和程序会更加智能，AI 也将加速对人类意识的模拟。而随着广告营销人更多地使用这些工具，机器也可以逐渐掌握其中的规律，为广告人创造出更具灵感和个性化的广告语。

可以说，AI 技术让 Web 3.0 时代的营销实现了实时在线、即刻生成个性化内容，构建更有情感、更富质感、更具体验感的新营销方式，从而实现了个性化营销。之所以能达到这样的效果，是因为由 AI 创造出来的内容与传播都有了灵魂，这些有灵魂的 AI “产物” 可以出现在任何时间、任何地点，不仅能用于沟通交流，还可用于非常广阔的泛营销领域，诸如品牌营销、知识传播、情感陪伴、学习助手、游戏 NPC 的 “灵魂”、AIGC 创作工具等。

每个 AI 都是拥有个体 “人格” 和 “灵魂” 的智能体，而不是作为机械皮囊存在。

1.2.2 AIGC 元宇宙时代营销新势力

2021 年 10 月 28 日，在 Connect 2021 大会上，马克 · 艾略

特·扎克伯格（Mark Elliot Zuckerberg）宣布脸谱网即日起改名为“元”（Meta），并宣告从“社交网站”向“元宇宙”业务进军，“元宇宙”概念火爆网络。

“元宇宙”的概念其实最早出自于一本名为《雪崩》的科幻小说。在这本小说中，作者尼尔·斯蒂芬森（Neal Stephenson）创造了一个并非以往想象中的互联网——Metaverse。这个词是由“Meta”和“verse”两个词根组成，其中“Meta”表示“超越”“元”，“verse”表示“宇宙”。在小说当中，所有现实世界中的人在元宇宙中都有一个“网络分身”（Avatar），人们可以通过这个“网络分身”在三维虚拟空间当中（平行于现实世界的网络世界）进行交流和娱乐。

从这个定义来看的话，元宇宙（Metaverse）其实就是利用科技手段创造出的一个与现实世界映射交互的虚拟世界，是一个具备新型社会体系的数字化生活空间。它可以通过“沉浸现实”和“数字孪生”等途径与现实社会进行互动，从而形成两个有交互的世界。而随着数字孪生技术的发展，元宇宙可以逐步实现对现实世界的动态复刻，甚至超越真实场景，拓展时空体验，进入虚拟原生和融汇阶段，实现虚拟世界和现实场景的相互交融、物质世界与精神世界的重叠统一。简而言之，随着元宇宙的发展，数字虚拟世界与现实世界的边界将会越来越模糊。

与此同时，元宇宙的专属性和多元性还可以真实地表现出人的性情和感情。奥地利精神病学家阿尔弗雷德·阿德勒（Alfred Adler）在《自卑与超越》一书中指出，每个人面对生活的问题都不断要求更完满的答案，但没有任何人能完全控制环境、控制问题的发生以及自身。生活中所有不完美的感觉，包括身体、精神或社会障碍，不论是真实的还是想象的，都会使人产生自卑感，促使个人进行补偿。而基于补偿效应所创造的作品，其沉浸感、参与感也会持续提升。

元宇宙作为一个平行于现实世界的虚拟世界，现实中人们做到或做不到的事情，都可以在其中实现。对于真实世界补偿的沉浸感与参与感，在元宇宙中也能体验。前文中我们提到的社会与心理的修辞模型（见图1-3），在元宇宙中也可以实现更好的重叠；文学（童话、戏曲、小说等）虚拟创作的虚拟世界，与广告经济学世界的修辞将会越来越重叠。

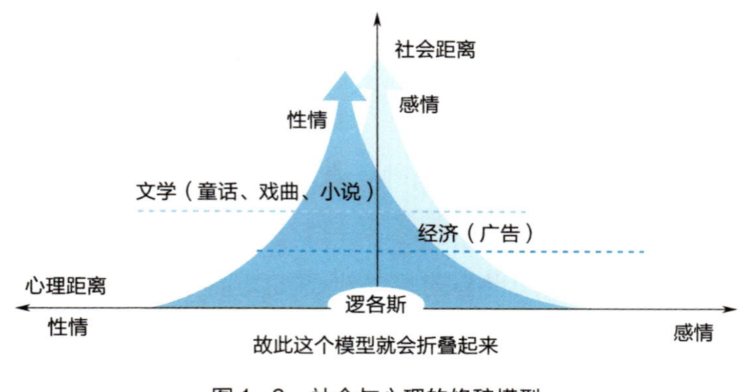

图1-3　社会与心理的修辞模型

对于经济社会而言，现实世界的需求无限，但资源有限；而在虚拟世界中，需求无限，资源同样无限。广告营销经济体也是建立在现实世界的经济规律之中，因而满足需求无限、资源有限的条件。但随着 AI 技术的进步，在元宇宙虚拟世界的经济之中，从个体需求到精神内核、价值属性和情感链接等都将会更加独特。文学创作（童话、戏曲、小说等）与广告内容（创意、文案、海报、视频等）在元宇宙时代修辞模型的重叠，使得广告营销“不再存在”，但又“无处不在”，并且这种融合还能让用户因满足心理的需求而获得情感连接。

由于虚拟世界一直处于在线状态，所以虚拟世界中的内容制作也要通过 AI 技术随时随地地交互、生成。而随着自然语言生成技术与 AI 模型的日趋成熟，通过元宇宙与 AI 技术的耦合，以及人工智能知识图谱的自动生成，在内容创作上，AIGC 将为人类提供协助或完全由 AI 创作的内容，这不仅能帮助人类提高内容生成的效率，更能大大提升内容的多样性。可以说，AICG 将极大地推动元宇宙的发展，AI 也将创作出元宇宙中大量的数字原生内容。

有科学家预测，到 2025 年，90% 的在线内容将由 AI 生成。而 AIGC 平台助力元宇宙的发展，又可以加速复刻现实世界，创作出无限的内容，从而与广告需求更加匹配，实现广告行业的自发有机生长。在这种情况下，AI 的内容创作成本将接近于 0，通过虚拟内容创作与广告营销产业的多维互动和融合渗透，AIGC

又将孕育出除广告之外的全新的业态模式，成为元宇宙时代广告营销内容创新发展的新引擎。我们有理由相信，未来元宇宙世界将实现机器和机器的对接，实现永久在线，从人人互动、人机互动，逐步发展到机器与机器互动。AI 真正落地后，世界将进入人与机器协同运营的发展模式，广告营销也会同步发展到营销的新势力阶段。

第 2 章
AIGC 广告营销模型

洞察和推演，引导广告行业的发展和人们消费行为的演变。广告成为一种启迪思想的艺术，通过符号和意义的交织，引发人们和品牌产生共鸣。通过 AIGC 广告营销模型的思辨洞察和概念创新，我们能够探寻市场的真谛，越过表面的繁华，触及人类内心的深层需求，实现品牌与人的共同成长。

时间：2019年9月21日

地点：北京酒仙桥恒通创新园

人物：国内某知名营销传播集团数据分析师紫轩

周五17:55，快到下班时间，紫轩的手机响了起来。为了客户的新车上市计划案，紫轩带领的汽车业务组足足准备了两周，上午刚提交了一版策划案，看来是客户有反馈了。

"紫轩，还在公司吧?"弗兰克问到。"嗯，没走就好，稍微等我一会儿，我刚和客户开完会，现在在回公司的路上。麻烦你现在和策划团队说一下，我们需要讨论一个新项目的全案。"

"好的。"紫轩答到。看来这个周末又要被海量的报告占据了。

18:30，弗兰克姗姗来迟，紫轩和团队已经在会议室等了好一会儿。新项目是为年轻的都市女性用户推荐一款设计风格硬朗的SUV，弗兰克介绍了基础简报信息之后，团队开始热烈讨论。

"我觉得策划案结构可以参照女王节策划案，我把方案发给各位。"有6年汽车行业策划经验的客户总监弗兰克的硬盘里面还是有存货的。“我们还有上周做策划案的 O5i 模型”。

“紫轩，你还是负责策略分析的资料收集和总结，可以找大数据部门要一些行业报告和人群分析报告。”弗兰克喝了口水，又接着说，“者君，你负责洞察策略，先想想关键信息，稍后我们分析完资料再一起好好研究一下。”

“鲍伯，创意就靠你了。今天的客户对策划案很满意，他们特别喜欢这个创意，肯定做。”

“朱迪，你出一个媒体名单。另外，你还需要写一个后续的项目执行版本。”

“我们下周二整合一个版本。还有，紫轩可以找一些有关女性群体的报告，来印证文案的整体思路和策划。”

“好的，我找一下相关数据。”紫轩已经从事营销策划工作两年有余，拥有理工科专业背景的她非常喜欢在资料中寻找线索，在数据中寻找规律，久而久之，也就有了自己的方法和积累。但是，分析部分往往都是在项目确定了方向或创意，再去推导性地寻找资料佐证，这样还算是分析吗？

十几年前，营销数据分析还是一个新兴事物。在分析过程中，首先需要人为地收集信息，整理数据，将其转化为结构化数据后，再进行分析，最后通过统计运算得出结论。一般来说，一个数据分析师需要花费很长时间来分析一组消费者的数据信息。而现在，分析师仅用几个小时或更少的时间就能完成，营销分析似乎变得更加轻松了。但是，新的问题又出现了，人们开始纠结于分析什么信息和数据，以至于分析的目的更加模糊，甚至渐渐远离了数据分析的初衷。

随着 AI 的出现，AI 营销工具的推广使数据管理和数据整合变得更加重要。2019 年，号称“世界上最快的”分布式关系型数据库 MemSQL 调查显示，61% 的企业高管都认为机器学习和 AI 将成为公司最重要的数据工具。在营销组织中，AI 营销工具将扮演数据集成和营销数据架构师的重要角色，为企业提出建议和预测。这颠覆了营销人员决策和营销活动的方式，营销人员只需要负责策略和创意，而机器可以大规模地分析、处理并提供个性化内容，从而导致人的创意在营销中逐渐边缘化和被数据所取代。

但是，这并不意味着创意在广告中就不再重要，即使有 AI 的加持，创意也同样可以发挥特有的作用。只是要吸引用户，创意本身也必须根据媒介形式的不同迅速调整。当然，要做到这一步，我们需要先了解一下创意广告当中的那些先行者。

2.1 创意科学广告先行者

广告中的策略很重要，也很难得，但创意同样重要。一般来说，策略可以通过商品分析、竞品分析、用户分析等层层推导出来，而创意却很难通过推导获得。不仅如此，要想吸引消费者的注意力，促使他们购买商品，都需要好的创意。

作为创意广告的先行者、全球广告行业的标杆、奥美广告创始人大卫·奥格威（David Ogilvy）曾提出，奥美每时每刻都强调“创意”。他甚至要求主管人员不允许员工提交草率的或平淡无奇的广告作品。

那么，什么样的广告才算是有创意呢？

奥格威认为广告作品要满足这样的标准：看到它的第一眼时有没有倒吸一口气，会不会希望想出这个创意的是自己；它是不是独一无二的，符不符合广告展示策略，能不能使用 30 年。

在广告辉煌的年代，国际 4A 崛起，奥美的名字尤为响亮。它用极其优秀的洞察和创意，创作出一个个脍炙人口，甚至颠覆传统印象的突破性经典广告。

那么，奥美是如何创作出具有强大营销能力的广告的呢？它具有哪些有效的创意方法论和营销模型值得其他的公司学习和借鉴呢？

接下来，我们就来了解一下。

2.1.1 广告公司的创意方法升级之路：从 360 度品牌管家到 Fusion

“在过去的 5 年里，营销所面临的变革比以前的 50 年都多。我们坚信奥美 Fusion 是一个有能力改变行业规则的体系。它将使我们得以塑造行业的未来，并帮助我们实现奥美的 5 年计划。”这是奥美全球 CEO 杨名皓在介绍奥美升级的策略工具 Fusion 时说的一段话。

奥美称得上是广告圈中的“工具之王”了，在大卫·奥格威推行品牌形象方法论之后，从早期的360度品牌管家到蝴蝶模型（Butterfly），再到现在的Fusion，奥美广告的创意方法模型已经越来越庞大而复杂。

1. 360度品牌管家

360度品牌管家是大卫·奥格威在20世纪90年代初提出的奥美最核心、最具影响力的营销工具，它强调以一个完整的作业过程，确保所有活动都可以反映、建立并忠于品牌，以期积极主动地去管理品牌与消费者之间的关系。奥美深信，品牌只有在下列状况下才能欣欣向荣：

（1）当所有人都对品牌付出爱心、情感、关怀时；

（2）当有人真正了解并重视目标对象的生活时；

（3）当有人与使用者或潜在对象保持亲密的关系时。

简而言之，360度品牌管家就是将品牌和整合营销的概念进行了有效结合，强调在“品牌与消费者的每一个接触点上”实施传播管理，这就是360度品牌管家的基本策略。利用这样的方式，奥美广告业务获得了更广阔的发展空间。

下图为广为人知的奥美“360度品牌传播罗盘”（见图2-1），它是奥美建立和管理消费者与品牌关系的一套思考工具，也是一个完整的作业过程。依靠这套工具，奥美可以在品牌与消费者的每一个触点上进行传播管理。

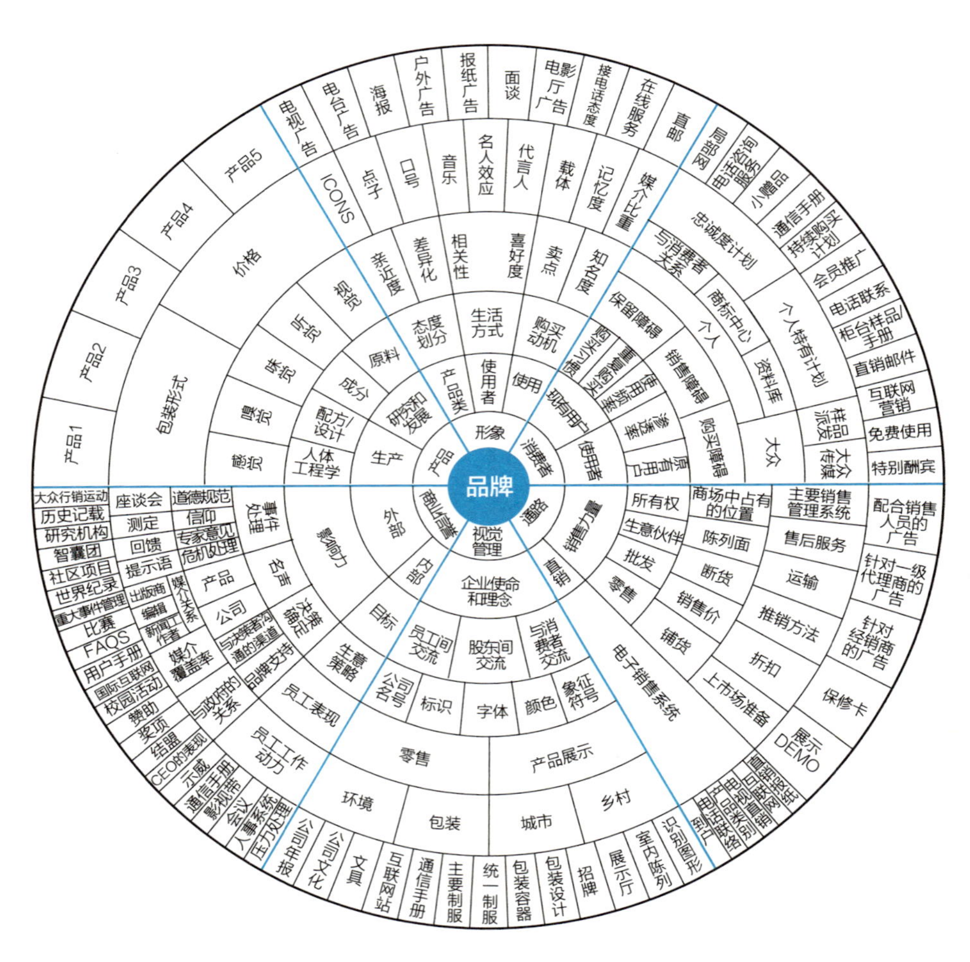

图 2-1 奥美“360 度品牌传播罗盘”

2. 蝴蝶模型

要塑造一个非凡的360度品牌，企业必须学会用360度的方式工作，这个过程需要广告、公关、营销等不同专业领域的人员通力合作，从客观角度出发，选择用最好的沟通方式，将品牌信息和经验传达给目标受众。

也就是说，只有大创意，才能成就一个品牌。大卫·奥格威曾说过："如果广告没有大创意，那它就像黑暗中驶过汪洋的船只，无人知晓。"基于此，在继360度品牌管家概念提出后，奥美又提出了360度品牌运作工具——蝴蝶模型。蝴蝶模型整合了奥美的很多成熟的工具与方法，用于与客户共同推动品牌策略思考，从而形成更有逻辑性和科学性的广告策略，同时还有利于检验策略的完整性和正确性，为公司层面提供标准化和更稳定的服务，有利于使感性内容变得更加理性，便于客户接受。

蝴蝶模型共包含十一个阶段，分别为功课阶段、品牌扫描和品牌检验、品牌雄心、品牌写真和消费者写真、创意点、品牌宣言、360渠道、任务简报、项目规划、360度成果分析及品牌报告卡（见图2-2）。

第一阶段：功课阶段，即为了分析大环境，团队需要做好哪些"功课"。这些功课包括商业分析、消费者研究、文化研究等。

第二阶段：品牌扫描和品牌检验。品牌扫描是帮助广告主从产品、形象、受众、渠道、视觉、影响力等方面全方位审视品牌，找出品牌的优缺点，同时运用品牌罗盘对品牌进行检验，以便深入了解消费者和该品牌的关系。

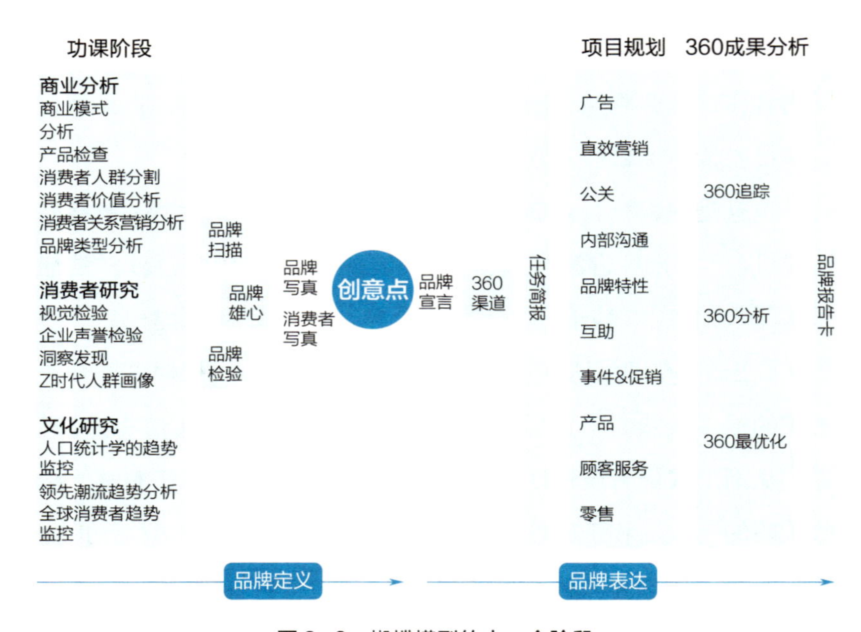

图 2-2　蝴蝶模型的十一个阶段

第三阶段：品牌雄心，即品牌希望产品在消费者生活中扮演什么角色，起到怎样的感召力等。

第四阶段：品牌写真和消费者写真。关于品牌写真，奥美的描述是“一段有关消费者与品牌间独特关系的生动陈述，是品牌指纹的 DNA，是核心事实和精神，具有独特性，无法被转让”。消费者写真描绘的是与品牌有关联的人，既包括消费者，也包括影响品牌成败的人。

第五阶段：创意点，即通过之前的分析总结得出洞察观点，再将观点凝练，找到一个将品牌和消费者连接起来并能打动消费者的核心创意点。具有不同技能的合作者会会面讨论，共同找出真正有效的创意主张。

第六阶段：品牌宣言，即定义品牌的传播活动，并结合创意点提出主张宣言。

第七阶段：360 渠道。要使品牌宣言深入人心，并对其进行扩散，需要通过 360 渠道进行传播，确立可衡量的目标，这也是品牌渠道策划能力的核心。

第八阶段：任务简报。每个特定任务都需要有简报，每项工作独立运作，但要共同达成品牌企图。

第九阶段：项目规划。在设定 360 渠道的策略之后，通过整合营销传播协同的方式进行传播，各团队之间要相互配合，共同检视渠道传播效果并进行归总。

第十阶段：360 成果分析，即借助精巧的分析工具，分析品牌活动是否达成了预定目标。

第十一阶段：品牌报告卡，即团队要与客户一起分享、讨论品牌效应，从而决定如何进行下一步行动。

3. Fusion

进入“互联网 +”的时代，传播渠道日渐分散，新一代主流消费人群有了更加多元化的消费观念和个性化需求，消费越来越变成一种价值观的表达，想要打动消费者也越来越难。在这种情势下，大部分广告主不再需要 360 度品牌管家和蝴蝶模型，他们更想拥有真正推进业务发展的关键维度，于是就有了 Fusion。它是基于蝴蝶模型对策略推导的一种升级，又是在 360 度品牌管家基础之上对广告业务本身更广泛、更高端的囊括。

相较于蝴蝶模型，Fusion 显得更加简洁，它主要分为五个部分：商业企图、顾客体验、传播结构、解决方案和传播有效性（见图 2－3）。

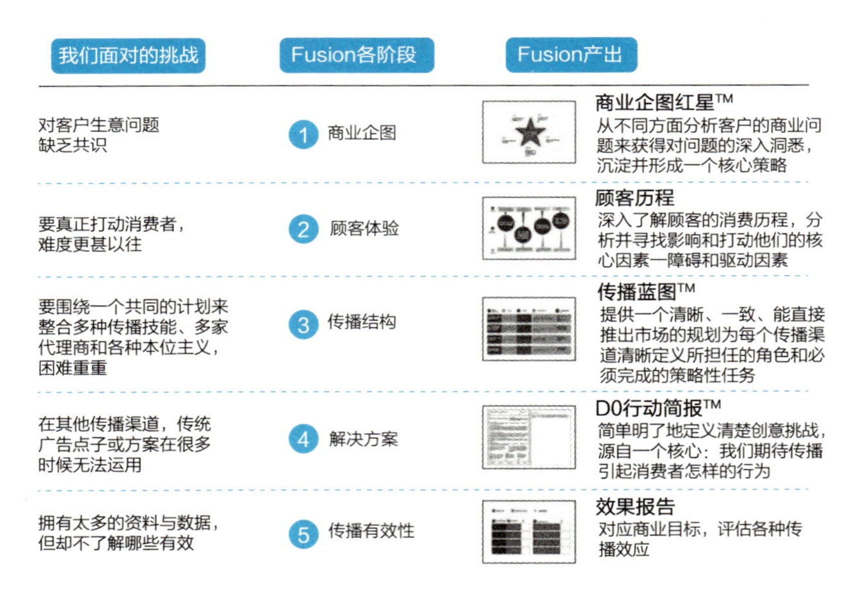

图 2－3　Fusion 策略的五个部分

第一部分：商业企图，主要从产品品类、竞争、企业、消费者和渠道等不同方面分析客户的商业问题，对问题进行深入了解，并形成一个核心的应对策略。

第二部分：顾客体验，主要是了解消费者的消费历程，从中分析并找出能够影响和打动消费者的核心因素。

第三部分：传播结构，主要是制订清晰的市场规划，为每个传播渠道确定策略性的传播任务。

第四部分：解决方案，主要是通过对消费者行为的预测，提出一个简洁的解决方案。

第五部分：传播有效性，主要是通过信息的回流机制，评估出各个渠道的传播效应。

从上面不同阶段的目标和任务可以看出，Fusion 与蝴蝶模型的区别主要有四点：

第一，Fusion 更侧重分析的作用，其中的商业企图与客户体验都是从蝴蝶模型中的 Homework 部分独立出来并进行放大的。

第二，Fusion 更强调传播的重要性，而弱化了品牌和创意的比重。

第三，Fusion 更强调解决问题的能力，并试图借助各种传播方式来解决商业问题。

第四，Fusion 建立了一个有效的信息回流系统，不断对商业目标和策略产出物进行对比优化。

由此可见，Fusion 就是一个融合了广告、公关、营销、品牌等的创意工具。就像奥美全球 CEO 杨名皓介绍的：Fusion 更注重商业问题，横跨所有技能，聚焦客户历程。而 Fusion 的推广传播正值大数据兴起的时代，所以对数据分析和效果数据回流的关注度都具有明显的提升作用。

从 360 度品牌管家到蝴蝶模型，再到 Fusion，奥美品牌的创意方法与策略模型一直随着传播环境和受众变化而创新。而这一系列方法与策略的背后，不仅有广告行业自身的经验和智慧总结，还借鉴了咨询行业的相关智慧，由此还引发了咨询业、广告业与信息业之间的一场“遭遇战”。

2.1.2 咨询业、广告业与信息业的“遭遇战”

在 2015 年以前，传统的咨询公司很少接触广告业，咨询业与广告业是两个不同的领域，但这种情况在 2015 年之后发生了变化。在此之后，咨询公司的业务逐渐向广告倾斜，广告业也提出了商业解决方案的主张。在 2000～2017 年，谷歌、脸谱网、腾讯等互联网媒体公司不断开拓数字媒体疆土的时候，广告业还可以与之亦敌亦友，有一定的合作空间。然而，随着互联网媒体公司和咨询公司的竞争加剧，广告业的合作空间就小了很多。由此，咨询业、广告业以及信息业的遭遇战全面展开。

2017 年，埃森哲（Accenture）、普华永道（PwC）、IBM 和德勤（Deloitte）等，都不约而同地进入由麦迪逊大街广告公司机构统治的营销市场。这一年，四家咨询公司的营销服务部门总收入为 132 亿美元，略低于 WPP 集团、宏盟集团、阳狮集团

（Publicis Groupe）、埃培智集团（Interpublic）、电通（Dentsu）等。这些有分析、数据、咨询及技术背景的新兴营销机构，还将咨询、解决方案思维方式同技术服务进行了深度结合。

2018年，埃森哲收购了数字营销公司伙传播，将伙传播整个纳入埃森哲互动数字营销，为中国客户带来了从数字设计、营销、内容制作到商业服务等的一体化的营销服务。

2018年11月，有着150年历史的智威汤逊（JWT）广告公司被更加年轻、有数字营销能力的伟门（Wunderman）合并，组建成为新的公司伟门－托马森（Wunderman Thompson）。从此，智威汤逊这个曾自誉“世界上最知名的营销传播品牌”告别了广告业——这个曾经给予它太多荣誉的舞台。

从表面看，这似乎只是WPP集团内部的一场自我革命，但大创意公司被数字代理公司吸纳，还是让人感受到“大创意时代”的落幕和“数字营销霸主时代”的来临。而对于更年轻的伟门公司来说，其开创的直效营销的先河，及后来发展到品牌战略、咨询、电子商务及数据分析领域，也使其被誉为“世界上三大顾客关系行销公司”之一。

在数字时代到来之际，一直以创意、创新著称的广告业被咨询业称为“传统广告行业”，这让广告从业者很不甘心。一些4A公司曾抱怨甲方公司的高管们不重视数字营销，然而一旦高管们真正重视数字营销后，4A公司却发现自己早已力不从心。广告的核心是创意、点子，而咨询师的工具是数据和分析，他们并不依赖基于客户简报和需求建议书的头脑风暴和创意设计，其 PPT 中核心的卖点是基于市场和消费者的调查和分析数据。

随着直接营销和数据库营销的兴起，营销人员对数据的依赖越来越明显。通过数据，营销人员可以对消费者进行细分，并深度个性化消费者信息，而 AI 营销工具的推广也将数据管理和数据整合提升到了公司的关键地位。AI 和机器学习工具将颠覆传统营销人员决策和开展营销活动的方式，营销人员只需要负责策略和创意，由机器来进行大规模的分析、处理及提供个性化内容的服务。这也导致创意在广告营销中逐渐边缘化和被数据所取代。

然而，广告业也一直在尝试将数据、技术、创意三者进行整合，麦迪逊大道上的广告大鳄们完全可以利用自身优势获得商业成功，比如成为邮件营销或电视节目的专家。但是，大多数代理机构仍然选择深耕人工智能、数据集成、消费者体验分析、开发定制解决方案、移动 APP 等领域。除了同样擅长发掘创意、策略和技术之外，这些咨询代理机构既要考虑时间与项目的因素，还要根据结果进行衡量和适当的补偿。因此，广告业也越来越边缘化，主动权则越来越多地被咨询机构掌握。

以上种种遭遇所引发的行业碰撞，究其根源，是由于有三种理论曾经对广告业和咨询业产生过极其深远的影响。这三种理论分别代表了三个学派：设计学派、计划学派和定位学派。

2.1.3　设计学派：咨询公司带来的营销策略

1960 年，一位芝加哥石油行业咨询师西奥多·莱维特（Theodore Levitt）写了一篇名为《营销短视症》的文章，其中提出了一个观点：大多数企业过于偏重制造与销售产品，导致营销被领导层忽略，这就是“营销短视症”。“营销短视症”的主要表现，就是企业把精力都放在产品或技术上，而不是放在消费者需求上，这会导致企业丧失市场竞争力。因为产品只是满足市场消费需要的一种媒介，一旦有更能满足消费者需要的新产品出现，原来的产品就会被淘汰。同时，消费者需求也在不断变化，并非所有消费者都偏好某一种产品或是价高质优的产品。由此，莱维特给出的结论是：市场饱和并不会导致企业萎缩，导致企业萎缩的真正原因是营销者目光的短浅，不能因为消费者需求变化而改变自己的营销策略。

现在看来，与其说莱维特是一名营销学家，倒不如说他是一名战略思想家更贴切，因为他将营销提升到了企业战略的新高度。从某种程度上来说，企业对营销的理解就是对自身战略的理解。

同时，莱维特还为现代营销提出了一个核心理念，即：**营销要从消费者出发，而不是从产品出发**。这也是现代营销中“以客户为中心”的观念。其实早在 2000 多年前，柏拉图就在“修辞学”理念中就强调过“受众”的重要性。后来亚里士多德汲取古希腊修辞理论与实践的精华，又对“受众”做了深入的研究。而广告代理最早发迹于报刊行业，正是报刊行业先有“读者”，才带来了后来广告业的发展。针对潜在消费者的“纸上推销术”和现代广告中的“对消费者调查”的运作流程，广告很早就推崇这个理念，而莱维特恰好提出并强化了该理念。当然，广告从业者也乐于将这一理念灌输给品牌主，所以在今天的广告策划战略内容中，都存在着“以客户/受众/潜在消费者为中心”的烙印，也都存着在受众分析部分，如奥美蝴蝶模型中的“消费者研究”、Fusion 商业企图中的“消费者分析”和“客户体验”，以及恒美 ROI 工具中的“消费者分析”等。

为了从宏观角度求证其概念的普世性，莱维特还定义了最初的宏观环境风险框架，提出：“在可以接受的风险水平下，企业必须平衡外部环境（消费者、竞争、政府和社会）与内部环境（资源、能力、方案和愿望）。”

莱维特提出的这些策略都源自于战略设计学派。设计学派是战略学最早的一个学派，它的主要观点就是设计一个战略制定的模型，寻求内部能力与外部环境的匹配。“建立匹配”是设计学派的核心目标。

1965 年，哈佛商学院教授、SWOT 分析法创始人肯尼斯·R. 安德鲁斯（Kenneth R. Andrews）在《经营策略：内容和案例》一书中，就用战略评估的框架图很好地诠释了设计学派的基本模型（见图 2－4）。

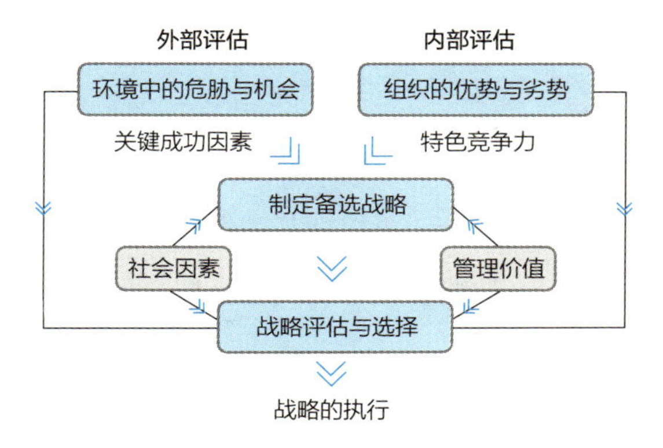

图 2-4　设计学派的基本模型

设计学派的模型与很多营销广告策划案中的宏观行业分析类似，都涉及公司所处环境中的技术、经济、社会和政治因素，并通过预测报告和调研问题进一步丰富内容。广告营销策略也是在设计学派思路的基础之上，在内部分析上更多地直接采纳品牌主的结论来解决内部存在的问题，如“我们在哪里？我们为什么会在这里？我们要去哪里？如何到达？我们到了吗？”等等。当然，最后战略的形成是一种“创造性行为”，这是广告公司最擅长的部分，也就是广告的创意。广告公司不仅会将理论或逻辑串联起来解决客户的营销问题，还会交付方案、TVC、插图等具体的产出物，这也是广告公司与咨询公司相比所具有的优势。

不过，在对企业高层的影响力、从分析模型中导出战略的底层逻辑思维能力方面，广告公司与咨询公司相比就处于劣势了。只是随着咨询分析师不断完善战略分析方法论，广告界从中汲取一些养料，才获得了一定的进化和提升。

2.1.4 计划学派：广告业迎来生机

设计学派模式中有一个机械的前提条件，就是按照要求规划出战略的每一个组成部分，再根据蓝图把它们组合在一起，就会得到最终的产品——战略。换句话说，分析是战略的前提，战略的形成是一个过程。对于这一点，咨询公司十分认同，因此设计学派模型在咨询业中也被看作是极为方便的分析工具。

但是，设计学派的核心是使战略制定脱离于战略观察，即将思维与行动分离。这就会形成一种局面：一面是战略思考者高高在上、深思熟虑，另一面是执行者在底层辛勤地执行战略。而形成这种局面需要一个基本前提：信息可以在不失真的情况下，集中发给上级。显然，这是很难实现的。

一些管理专家为了解决上述问题，便在设计学派的基础上创立了一个新的学派——计划学派。该学派认为，战略的形成是一个程序化过程，所有战略都必须被分解成可以成功执行的亚战略。也就是说，计划学派更加强调战略制定的一系列行动步骤。

随着计划学派的兴起，咨询公司开始面临一个新的困境：战略计划师只负责在理想的环境中进行战略规划，而不执行。虽然战略的制定和执行步骤都十分精细化，曾经帮助诸如通用、迪士尼等企业走向辉煌，但也因此使这些企业深陷泥沼。为此，企业管理者们不得不积极寻求应对措施。比如，在 20 世纪 80 年代初期，杰克·韦尔奇（Jack Welch）成为通用电气公司的主席和首席执行官后不久，便废除了战略计划系统；迪士尼公司的罗伯特·A. 艾格（Robert A. Iger）上任后，也终止了迪士尼之前采用的战略计划系统。

有效战略规划的制定，应该是将思想与行动联系起来，思想和行动又要将战略制定和战略贯彻联系起来。因此，战略计划师必须参与战略的执行和实施，同时战略实施者也必须参与战略的制定过程，这样才有可能保证战略的有效性。而计划学派从内容上看更多的是战略执行，如果商业方向和战略逻辑出现问题，那么执行起来就无法回头。另外，计划学派对目标的确定及整个从战略制定到执行完成反馈都有一套完整的流程，优点是过程可以把控，缺点是不连续的时期会造成僵化。

不过，广告公司通过自身实践弥补了计划学派的这一缺陷。计划学派强调战略制定的一系列行动步骤的观点，也被很好地被应用到营销活动的组织运营和投放执行当中，成为奥美 360 品牌管家实施的基础。到 20 世纪末，美国广告业飞速增长时期，广告公司从分析、创意、计划、制作到最后的执行一体化服务和综合能力等，都逐渐被强调。

2.1.5　定位学派：广告人必谈的心智“定位”

就在计划学派饱受争议的时候，定位学派席卷了整个战略管理咨询行业。1980 年，迈克尔·波特（Michael Porter）出版了一本《竞争战略》，书中吸收了设计学派和计划学派的大量假设和基本模式，同时又更加强调战略内容的制定，从传统的说明性分析拓展到了实际的调查研究，反映出了企业对战略的实质需求。

定位学派有一个革命性且鲜明的观点：在任何既定的环境中，可实现的战略是无穷无尽的；但在一个被界定好的环境中，一个企业只能选择少数的关键战略。它否认了战略需要“量身定做”的观点，创造了一套结合企业资源和环境而获得正确战略的分析方法，又将这一理论运用到各个行业，由此形成了通用战略思路。同时，定位学派还主张，在一个战略从制定到执行的过程中需要多方协同合作，以确保多方达成共识，并进行分工合作。比如，调研公司数据库为战略制定人员提供统计研究数据，咨询专家开发出一系列工具（如 BCG 矩阵、波特竞争分析模型、波特价值链等），而企业计划人员则与外部营销公司一起进行战略的拆解、落地和执行。

在艾·里斯（Al Ries）和杰克·特劳特（Jack Trout）所著的《定位》一书中，对“定位”有一个定义：“所谓定位，是在对本产品和竞争产品进行深入分析，对消费者的需求进行准确判断的基础上，确定产品与众不同的优势及与此相联系的、在消费者心中的独特地位，并将它们传达给目标消费者的动态过程。”但是，“定位”这个词在战略管理和营销管理中的含义是不同的。虽然定位都是在为企业绘制战略地图，在战略管理中，定位更倾向于竞争定位，是在为最终的利润市场绘制战略地图；而在营销管理中，定位具有战略选择的意义，是在为客户心智绘制战略地图。

“每个品牌都需要一句话来表述它与竞争对手之间的区隔。”这既是艾·里斯的想法，也是一个可以迅速进入潜在客户心智的想法或概念。艾·里斯认为，定位不是围绕产品进行的，而是围绕潜在客户心智进行的。这种将战略思维与营销相结合的理论，其实是建立在心理学概念之上的。

竞争定位用于企业战略管理之中，最终还是要回到利益，从数学和数据的角度进行衡量，使不同的分析模块之间彼此匹配，最终在几套特定的战略当中进行选择。相比之下，营销定位就要虚拟一些。首先，客户心智不如市场份额版图来得更直接；其次，心理学的观点、概念、个性、人格类型等，也鲜有量化的操作方式；最后，计算能力无法对那么多维度且处于动态的模块进行匹配而得出结论。所以，广告公司借用咨询公司的方法论，使广告营销更具逻辑性。

如今，企业战略的设定思路和方向越来越趋向于经济学，尤其是计量经济学。因此，咨询行业也更加注重通过分析得出结论，以及看重各个分析模块间的推导关系和匹配逻辑。分析资料的专业度、权威度和可信度相对更高，咨询行业给出的报告可信度也更高，由此也可以使咨询行业进入一个良性循环状态之中。

反观营销广告行业，不能说它不重视分析部分，但由于广告策略的制定更加趋于心理学，所以对分析模块也容易采取拿来主义，使用尽可能合理化设想的阐述方式，而不是逻辑推理方式。这也是由行业价值链的惯性所决定的，因为广告在与咨询行业的交锋中获得了高额回报，咨询行业高贵但基本盘不大。如此，广告业便陷入了“分析不重要－逻辑刚刚好－理性阻碍创意”的死循环，并且这种现状是一种合理状态，也是营销广告业的一大特点。

2.2 AIGC 广告营销的模型架构

由于三大学派的发展，到 20 世纪末，广告理论体系基本形成，广告代理公司用了 100 多年的实践，见证了广告理论的进化和蜕变。从 20 世纪 50 年代到 21 世纪初，伴随着营销理论的兴起，广告创意理论也在不断更新。而随着广告从单一媒体销售模式中脱离出来，它对消费群体的影响也需要更深入的研究和更多手段的组合，并且企业对广告营销形态也提出了更全方位的要求，由此，广告策划和策略思维应运而生。基于这些需求，未来的广告应该是一道基于千人千面而精准投放的数学题。

目前，各个广告公司的策划结构与营销结构都大同小异。从策划案的逻辑结构上来说，它主要包括背景介绍、传播目标、传播环境、挑战、受众分析、洞察、策略、创意、核心信息、媒体策略、活动和活动执行（见图 2－5）。

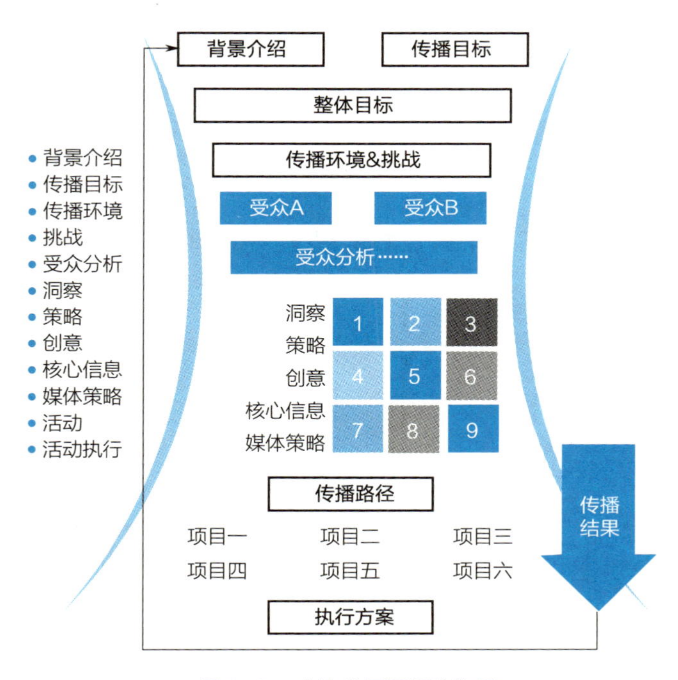

图 2-5　广告公司逻辑结构图

在这几个部分当中，不同内容具有不同的意义：

（1）背景介绍与传播目标，是对项目背景的解读，以及对广告营销传播价值的阐述；

（2）传播环境、挑战与受众分析，都属于分析部分，是对宏观环境、市场竞争、产品特性，以及消费者角度等进行的分析。

（3）洞察和策略，是结合分析结论，提炼升华相应的洞察而产生策略，并且作为承上启下的连接点，让创意随之而出，且具有说服力。

（4）创意、核心信息和媒体策略属于创意产出，主要指新点子、新想法、新解决方案等，包括内容信息、创意点子、媒体形式等。

（5）活动和活动执行，指的是创意拆解成具体的执行项目和相应的执行计划。

如果再结合前文所述的修辞学，广告营销的基本结构主要分为以下五层（见图2-6）。

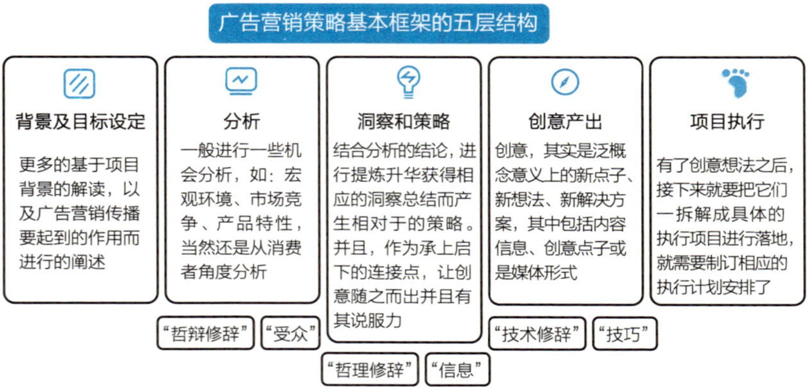

广告营销策略基本框架的五层结构

背景及目标设定
更多的基于项目背景的解读，以及广告营销传播要起到的作用而进行的阐述

分析
一般进行一些机会分析，如：宏观环境、市场竞争、产品特性，当然还是从消费者角度分析

洞察和策略
结合分析的结论，进行提炼升华获得相应的洞察总结而产生相对于的策略。并且，作为承上启下的连接点，让创意随之而出并且有其说服力

创意产出
创意，其实是泛概念意义上的新点子、新想法、新解决方案，其中包括内容信息、创意点子或是媒体形式

项目执行
有了创意想法之后，接下来就要把它们一一拆解成具体的执行项目进行落地，就需要制订相应的执行计划安排了

“哲辩修辞”　“受众”
“哲理修辞”　“信息”
“技术修辞”　“技巧”

图2-6　广告营销策略基本框架的五层结构

在图2-6中，第一层结构为背景及目标设定部分，它将问题界定在了广告营销的框架之内；第五层结构属于广告的项目执行部分。这两层都不属于主题范围。而第二、第三、第四层结构都为主题部分，它们分别对应了修辞学中标准的故事结构，其

中，“哲辩修辞”对应“受众”，“哲理修辞”对应“信息”，“技术修辞”对应“技巧”，彼此间存在一定的对应关系。

AIGC 广告营销模型要有效实施，至少需要三个核心模块，即分析模块、洞察模块和创意模块（见图 2-7）。

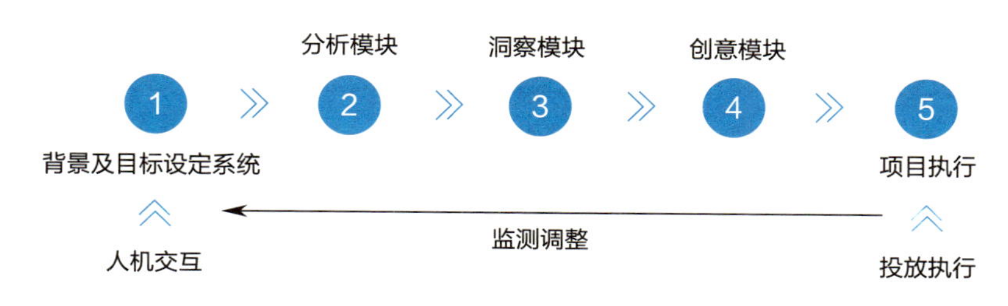

图 2-7　AIGC 基本框架的五层结构在机器语言中的体现

在这个模块架构中，背景及目标设定系统是一个人机交互的窗口，如今采用基于大模型的自然语音人机交互技术，人工输入需求，机器通过 AI 技术生成广告策略，与广告媒体投放系统直接对接，形成集广告分析、广告策略生成、广告创意产出及广告投放为一体的智能系统。

为便于记忆，这三个核心模块组合的系统就叫 A.I.GC，它包括以下内容：

（1）分析模块（Analysis Foundation）：包括品类分析（Category）、竞争分析（Competition）和用户分析（Consumer）；

（2）洞察模块（Insight Hub）：与技术结合，从洞察（Insight）挖掘到策略生成；

（3）创意模块（Generated Creative）：用人机互动技术形成创意（Creative）和内容（Content）。

通过技术获取数据和自然语言处理（NLP）技术，结合营销理论模型和统计算法，分析模块（Analysis Foundation）可以得出营销规划的三大基本信息，分别为宏观市场观察、品牌竞争优势和目标人群画像，从数据角度通过 AI 技术快速勾勒市场环境现状。之后，所有数据和结论都会被导入洞察模块（Insight Hub），将产品特点、消费者诉求和品牌定位等转化为数学问题，再借助机器得出营销的核心洞察（Insight），最后再由创意模块（Generated Creative）根据前面的分析数据和结论发挥“创造力”，做出最有针对性的广告方案。由此，AIGC 便实现了营销人的创意启发和内容创作（见图 2－8）。

从以上过程可以看出，尽管这一系列操作都是由 AI 自行完成的，但人类在设计实验和审查数据痕迹，以及继续学习和改进机器的设计方面，也产生了关键的作用。所以，AIGC 广告营销的模型架构是人与机器完美组合的成果。

那么，AIGC 的三个模型架构是如何产生的？它的理论基础是什么？

接下来我们分别阐述一下。

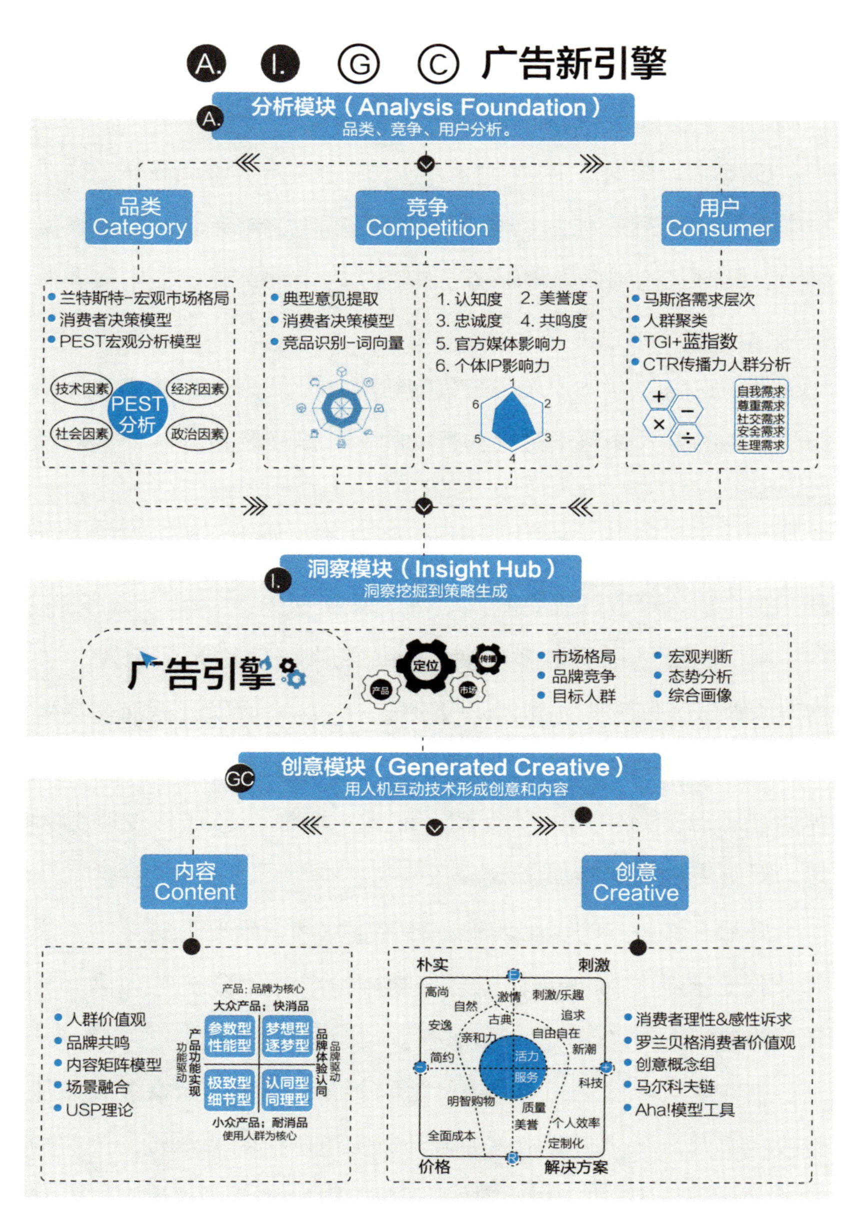

图 2-8　AIGC 创意启发和内容创作流程图

2.2.1 分析模块：数据建模动态挖掘人群心智

1776 年，修辞学家乔治·坎贝尔（George Campbell）写了一本名为《修辞原理》的著作，将理论和科学技术运用到修辞学中，同时又恰到好处地保留了修辞学的精神实质。书中强调两个观点：

其一，它勾勒出了人类心智的轮廓，借助诗人和演说家揭示隐秘活动的方式来探索感觉和行动的主要途径及根源，使修辞学在“科学”引导下去探索人类的“心智活动秘密”和“原则”，带有浓重的应用心理学色彩。一个世纪之后，斯科特博士也将心理学视作广告产业的理论基础。

其二，虽然经历很多演变，但传统修辞理论无法聚焦“人格”“情感”“道理”三类说服手段，一直强调以证据而非话题作为说服手段的核心概念。而坎贝尔的修辞学理论认为，人们应该通过对语言的应用，以告知、证实、取悦、感到和说服为手段，对听者的灵魂施加影响。

乔治·坎贝尔的以上理论，结合了欧洲中世纪百科全书式思想家波爱修斯（Boethius）的修辞学理论中的“分析”元素和科学观的内涵，对“分析”元素进行了更详细的阐述。

就在坎贝尔出书的第一年，他的老乡、英国发明家詹姆斯瓦特改良了蒸汽机，制造出第一台具有实用价值的蒸汽机，为英国带来了大规模的商业活动。基于商业环境的需求，广告也流行起来。而源于古希腊时期“公众言说，法庭辩论”的观点表达，西方修辞学也延续了“劝说或说服”的核心，广告开始以劝说或说服为主要目标。

但是，想要实现“说服”这个终极目标，广告必须充分吸纳社会价值中的情感因素，才能发挥广告本身的劝说作用。正如战场上将军要运用正确的战术打胜仗，语言大师要寻找并使用最合适的言语和恰当的方式赢得听众一样，营销广告战略也需要通过分析来获得证据。基于此，广告中也开始广泛地运用修辞。

那么，坎贝尔的理论需要什么样的证据呢？

首先，直观性证据。纯理智的公理、体验感悟的察觉，以及源于同理心的常识，这三个方面的共同点是自然、原始，不需要证实。以创意著称的营销策略便运用了这套体系，其中的“公理、察觉和同理心”都因人而异，千差万别，很难设定标准。依据长年累月的知识积累，那些有经验的广告战略策划师一旦进入战略规划阶段，自然就会进入这个系统中，这也被描述为一种神秘莫测的灵感。通常只能意会不能言传的分析方式是难以量化的，因此它很难成为机器分析模块的逻辑基础。

其次，推导性证据。通过一定程序和步骤推导证据，可以分为以公理为基础的实证性或科学性的证据，以及觉察到的显然性证据。其中，显然性证据又可以细分为经验、类推、证词和概率四种。坎贝尔认为，只有显然性证据真正与修辞领域相关联，它是建立在从感知和尝试获得各种原则的基础之上的，遵循从过去推断未来、从熟知推导尚不明确的事理。

虽然推导性证据缺乏一些直观性证据有的灵感闪现等特点，但如果证据和机器模块化能够很好地磨合，就能通过人机互动提升效率。在使用机器模块的时候，PEST、SWOT 等模型可以从人的角度出发获得规律；也就是从宏观角度和竞争角度分析受众，以及针对受众进行分析。

“受众”这把剪刀会裁剪宏观分析和竞争分析的维度，而不是一味地照搬各种分析模型。广告是以说服为目标的一场占领心智的活动，越是聚焦深入的受众分析，分析就会越趋向于感性。而在宏观分析层面，统计学是很好的工具，但它对于个体的研究只能借助情感分析专家和专业心理咨询师的专业能力。

如图 2－9 所示，坐标图中，越是靠近中心位置，就越靠近个体心理需求。我们会发现，受众分析最靠近中心位置，那么这是否意味着营销广告就是反复地研究受众呢？这时我们要对受众分析进行全面了解。

坎贝尔认为，受众具有普遍性和特殊性的双重概念。普遍性就是受众共有的一些基本属性，如年龄、性别、地域等，这是普遍的受众分析内容；但单纯进行普遍受众分析还不够，我们还需要结合受众的独特性格特征，结合宏观的历史背景、时代背景和竞争环境来分析，这就是从宏观和竞争角度要解决的受众分析问题。

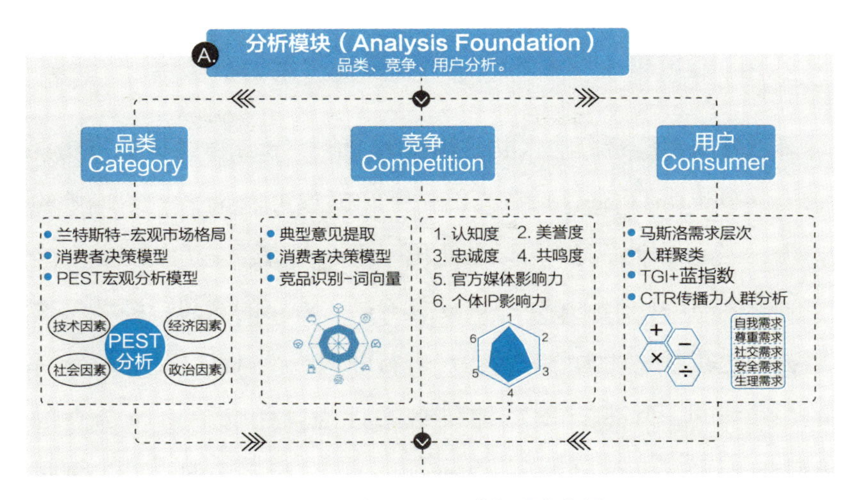

图2-9 使用AIGC进行受众分析

而从企业来说，我们在分析时，不仅要分析受众，还要分析品牌与行业特点。在以上分析中，使用PEST、SWOT模型往往需要查找大量的资料，或翻阅行业分析和调研报告等，如今借助行业模型和自然语言处理，可以对互联网的相关行业数据进行自动化分类，并了解行业全貌，或者直接请教ChatGPT分析得出结论。在社交媒体时代，AI可以自动提供社会化媒体监测。通过AI技术，品牌模型能及时了解品牌的口碑情况，如品牌美誉度、知名度、共鸣度等；数据分析技术还能及时展示新的竞品分析和意见领袖对品牌的褒贬。同时，结合马斯诺层次需求理论和用户群体的数据库（行为习惯、年龄、教育程度、消费习惯、社交特征等），机器还可以自动展示人口统计、行为轨迹、心理特征等多层次用户画像。

2.2.2 洞察模块：算法驱动引发广告营销情绪共鸣

世界著名广告公司天联（BBDO）前首席创意官菲尔·杜森伯里（Phil Dusenberry）认为，一个好创意可以带来一条绝妙的广告，但是一个好洞察可以催生出一千个创意、一千条广告。

在字典中，“洞察”一词具有看透、看穿的意思，强调参透事物的内在意义和本质。而在广告行业里，“洞察”是一种特有的、独创的，并带有一定神秘感的行为。杜森伯里所创立的RAISE模型，就是以调研（Research）、分析（Analysis）、洞见（Insight）、策略（Strategy）和执行（Execution）为内容的线性矩阵，其中“洞察”起到了承上启下的作用。

与咨询公司或顶尖商学院MBA那些写满数据分析的上百页PPT报告相比，广告公司独特的卖点就藏在“洞察”之中。从受众角度出发的分析与调研方式，可以帮助广告公司挖掘出令客户怦然心动的点，继而再通过广告修辞的方式来塑造形象、推进销售，最终使公众转变态度。

比如，近几年来，美国城市妇女离婚率逐年攀升，这个数字背后的“洞察”是什么？广告人对此的洞察是：城市女性独立自主、追求自由的能力在不断提升。这个洞察就是在敲打创意的大门。所以，对于营销人而言，洞察就是“洞见人性”。

阿尔弗雷德·阿德勒认为，人性是人的原始诉求，不同的诉求支配着一个人不同的行为。人在诉求人性的过程中，就成为一个行为习惯的综合体。从某种意义上来说，人性是一个人的诉求与环境冲突背后的矛盾，其中个体需求（个体权利）与个人在社群中的义务之间的矛盾，也是人在群体中的感性和个体独立状态下理性的冲突点。人在群体当中，理性思考能力会下降甚至消失，这也是“羊群效应”出现的一个主要因素。而人在独处时，思维往往更加理性，也更容易从个人利益和个体需求的角度思考问题。

德国哲学家尼采认为，修辞是与自然语言对立的造作，自然语言和修辞表达是二元对立关系。修辞是一种力量，对任何事物都能产生功效，并使之运作起来。正是这种力量，使得营销广告行业能够区别于其他咨询行业而独立存在。而神秘的洞察就是这个力量杠杆中的支点，它撬动了广告中的创意、策略以及执行。

在讨论营销自动化时，彼得·F. 德鲁克（Peter F. Drucker）表示，微量的洞察只能带来简单无效的执行，并不能推动营销活动。今天，营销智能化的前提是营销自动化，但不明确的需求、零散拼凑的数据、缺乏营销人探索洞察的局限性，造成了大量简单无效的营销执行。这些恶性循环导致在营销内容生产领域内，再智能的技术也只能发挥出20%的功效。因此，如果要构建一个营销战略机器人，那么“洞察”就是这个机器人的心脏。

如图 2－10 所示，消费者对市场、品牌、产品的情绪表达和感情诉求都可以被记录下来，并且能基于行为和态度的数据、自然语言处理和机器学习自动生成算法模型。于是，结合心理学、社会学、营销学的行业知识，AI 技术就能理解一个人的诉求与环境冲突背后的矛盾，“洞察”变成了一道数学题。AIGC 对环境（市场格局）、特点（品牌竞争）、需求（综合画像）的量化结果进行相似度的匹配，在修辞学中就是将企业的信息与受众的背景、兴趣、愿望和动机相适配。适配程度高，就被认为达到了共鸣；否则就可以认为是冲突。基于机器得出广告定位，产品、传播、市场也就由此展开了。

图 2－10　使用 AIGC 进行受众洞察

2.2.3　创意模块：AI 加持从创意启发到创意内容

通过对产品调研和策略逻辑的推导，广告公司的深刻洞察可以得到客户的认同，但客户往往更关注广告公司的创意、生产和投放的营销内容。这是对广告业的“固有印象”，或者更准确地说，这是一种被固化的商业模式。

20 世纪后半期，群体和群体间的概念冲突成为修辞学发展的催化剂，推动了西方大规模、有组织的对公共领域的争夺。伴随着媒体的发展，修辞的力量在宏大的时空场景发挥作用，实现多元思想的“劝说”成为广告机构的标配。受众成为远在千里之外、分布于广阔地域的某些社群，修辞的执行也不再依赖一个口才很好的人，而是需要一个班子或一个机器，由此，大众传媒、广告公关公司等“修辞机构”应运而生。

进入 21 世纪，利用媒体的资源，通过广告技巧、艺术手段以及心理学研究成果等方式，从媒体版面代理起步的营销传播机构开始了“说服民众和引导舆论”的整合、调配等工作。为了达到目的，修辞学便借助多元化的跨学科知识潮流，孕育出了广告内容，获得了最终的成果。

从最早的版面代理开始，营销传播便成为整合公关、直销营销、销售与促销等特定技能的机构，广告也有了更广阔的外延，营销代理以广告为中心的概念被颠覆。广告策划被融入营销策略规划管理系统，从分析出发到洞察凝练，以核心洞察为原点，营销内容产出转变成一个“创意酝酿、内容管理和媒体投放对接”的系统，实现了所有传播技能的创意。

1533 年，托马斯 · 威尔逊在《修辞艺术》一书中指出，有关文体风格的讨论不仅仅包括清晰和恰当，组合和异彩也是修辞必须考虑的两个基本因素。其中，“组合”强调词语之间的相互搭配是否和谐；“异彩”借用外来词，增加章句的变化和花样。这种广告修辞中的证据和观点与东方对修辞学的理解不谋而合。

20 世纪 40 年代，创意大师詹姆斯·韦伯·扬在《创意的生成》一书中指出：创意就是旧元素的新组合。从单纯组合的角度来说，计算机技术的效率必然比人脑的效率高得多，但是，组合只是完成了第一步，有价值的创意组合不仅要吸引眼球，也要符合品牌特性，更要配合好产品的卖点来满足用户的消费需求。这才是评价一个广告创意水平高低的关键点所在。

当然，这个概念可能比“洞察”还要主观化和感性化，营销人也不认为机器能批量生产创意，这也是广告策略机器人可行的最后一个绊脚石。

如图 2-11 所示，基于创意方法论，大数据 + AI 技术将创意的关键点定义为人（用户标签）、货（产品卖点）、场（用户场景）三个方面。其中，NLP 技术通过输入用户场景、用户标签、产品卖点和品牌名等，可以获得启发短语，并捕获创意火花；同时，AI 技术对创意组合中的相关元素之间的关联性进行分析而得出最终结果。

在创意世界里，有一句深刻的话，叫作“意料之外，情理之中”。通常越是想不到的组合，戏剧性就越强，意外性也越高。早在 2000 多年前，古希腊哲学家赫拉克利特（Heraclitus）就提出：“相反的东西结合在一起，不同的音调能创造出最美的和谐。”

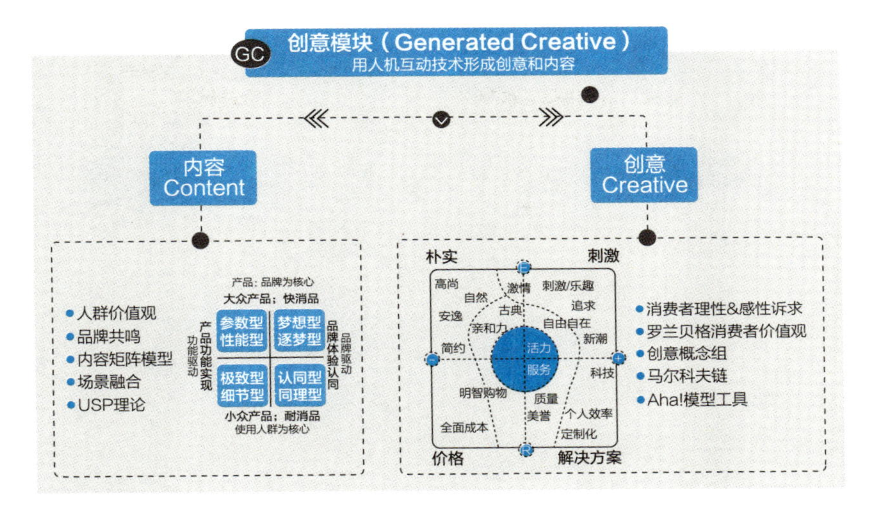

图2-11　使用AIGC进行创意组合

随着AIGC技术的发展，机器正在进入广告营销的领域，包括文本生成、音频生成、图像生成和视频生成等诸多方面，体现出了创意、表现力、迭代、传播、个性化等多种优势。AI技术应用于内容生产端，还可以充分发挥技术优势。因此，在未来，AI将极大提升内容交互端的体验，从辅助生产激发灵感到驱动内容创造，从而构建更有情感、更富质感和更具体验感的新型营销方式。

第3章
分析模块：数据建模动态挖掘人群心智

数据的镜像和模型的创新，披露了人们的欲望和行为动机。分析成为一种洞察人性的艺术，探索着人们的决策路径和情感轨迹。通过数据建模动态挖掘人群心智的智慧和洞见，我们能够深入了解人类行为的本质，洞悉市场的需求，实现精准营销和人群心智的共振。

时间： 2019 年 9 月 21 日

地点： 广州

人物： 广告代理公司数据部负责人 柳文泽

柳文泽硕士毕业之后，一直在做分析师，从一个助理分析师逐渐成长为首席分析师，每天和纯粹的数据图表打交道，虽说工作很枯燥，但当他知道每份报告都能以不菲的价格卖给客户时，也会产生巨大的成就感。然而，他心里仍然有想要离开这种枯燥生活的念头，只是一直找不到新的方向。

直到在一次大学同学聚会上，柳文泽的大学同学兼前同事司文森半开玩笑地对他说："你要不去广告公司试试，那里的分析工作也许可以给你的枯燥生活带来不一样的色彩。"

司文森现在是一家世界五百强快消公司的市场副总裁，在他看来，关于市场环境的分析能力应该是营销人员必备的。但他发现，一些广告代理公司通常只懂一点文化，并且还局限在潮流文化层面，对于行业政策、产业趋势、社会动态等方面都缺乏基本了解，在策划的前期阶段表现很"肤浅"。而有些时候，广告代理公司提交的案子对宏观内容的分析又过于宏大，缺乏客观的市场环境分析、行业现状分析和清晰的用户定位。比如，有一家广告代理公司在提案 CBA 合作案时，分析了二胎政策对这个活动的间接影响，司文森发现，该公司对这种类型案子的宏观分析就是为了分析而分析，在实践过程中很难参考。

司文森对这个问题感到不解，因此他想让自己的同窗好友柳文泽去广告代理公司感受一下，分析机构进行的市场环境分析与广告代理公司进行的分析究竟有哪些不同？广告代理公司在进行市场分析时，都会运用哪些方法和策略？当然，这其中不一样的“色彩”也是柳文泽所期待的，何乐而不为呢？

在司文森的引荐下，柳文泽加入了广告代理公司并成为数据部负责人。柳文泽发现，分析机构更看重数据分析本身，而广告代理公司的数据分析师需要对广告业务有更好的理解，并且需要对创意策略进行一些营销打法的联动。

比如，在一场新啤酒品牌赞助的音乐节活动中，柳文泽带领团队通过预先社会化聆听（Sociallistening）技术，帮助品牌方选择了符合调性的小众乐队进行赞助，再通过图片采用分析对音乐节当天的啤酒限量外包装提供了设计建议。

在音乐节举办的三天里，团队通过实施数据监测收集到了社交媒体口碑、品牌商产品口碑、音乐节热度反馈以及乐队现场表现等信息，然后将这些信息作为内容营销创作素材，再通过 AI 技术快速生成了一系列社交媒体内容，并通过社交平台及时发送、互动，全方位地打造了一个新啤酒品牌的形象。

实际上，早在 20 世纪初，数据分析就已经被引入广告行业。在不断适应广告行业需求的过程中，广告数据分析表现出了明显的优势，但同时也存在一些问题。而 AIGC 的引入，为广告行业的数据分析带来了新的变革。它不仅可以对大量的数据进行分析和挖掘，找出更有价值的信息和趋势，帮助企业制定更加精准的数字化营销策略和决策，还可以根据用户的历史行为和偏好进行分析，为用户推荐符合个体需求和偏好的产品与服务，同时实现营销自动化，从而最大限度地提升营销效率和用户满意度。

3.1 将经济学调研方法引入广告行业

1903 年，智威汤逊公司率先将调研方法引入广告行业，在 25 个国家的杂志中插入了整页广告，同时邀请读者对此发表意见，最终收到三万份调研回复函。最终的调研结果表明，当时的中高收入阶层的大部分人表示“不喜欢纯文字的广告，也不喜欢啤酒广告”。调研分析人员也发现，市场调查不应该只包含客观数据分析出来的占比统计，这其中还有很多不确定的因素，如文化层次、心理状态、社会趋向等，而广告公司往往是解决和试图改变不确定因素的高手。

二战以后，美国制造业的巨大产能转移到了消费品市场，这也带来了广告行业的蓬勃发展。此时，很多广告客户都希望尽快卖掉仓库中积压的库存产品，因此急切地期待广告公司能帮他们找到一种崭新的销售模式。而广告公司就此也积极地向心理咨询专家们寻求答案，整个社会经济进入“心理经济”的时代，广告人也开始兜售“焦虑背后的安全感”。所以，此时市场调研分析就被选择性地引入广告行业。

如此一来，广告行业便开始呐喊“分析驱动策略生产和创意生成”，但实际上却变得越来越功利化。说起来，这也与广告这种社会修辞学的功能主义化一样：我们会发现舆论一致并不是自发产生的，而是通过管理组织操纵的结果。

这就不难理解，广告行业为什么喜欢“拿来主义”，很多有经验的策划“老兵”，在进行宏观分析时都是这样进行的：有的人会挑选宏观分析报告中的几页，只要是本行业的就都引用；或者在媒体报道中寻找一些观点文章引用；还有的人会引用一些趋势模型，如产品生命周期曲线、宏观经济周期、创新模型等。这些都是功能主义盛行后逐渐形成的结果。

实际上，这种“拿来主义”的分析过程，对“卖资源”的媒体公司和“卖产品”的小而美的创意潮店，或者一些 IP 经纪公司来说，还是够用的，因为流量和产品本身就是它们的核心优势。但制定现代营销策略，还是要靠真正的逻辑分析来解决真正的营销问题。

从认知模式来说，人类的认知有两种模式：一种为归纳模式，一种为演绎模式。人类最擅长的是归纳模式，也就是从已有的知识中归纳出认知模式，再将这种模式套用于新的知识中。这也是为什么营销人在进行策划时喜欢用已有的报告、信息、案例甚至是故事的原因，因为其中包含丰富的认知模式，人与人之间的沟通交流也可以有效完成。

相比之下，演绎模式是给定一些前提条件，再通过一系列逻辑演绎，最终得出新的结论。这个结论固然可以解决问题，但广告业的惯性思维认为，这样得出的结论是组织预设好的，并不新颖，因此对演绎模式并不认同。

从本质上来说，归纳模式和演绎模式都是理性的（虽然最终的决策结果不同，对分析的定义不同），但人们更擅长使用归纳模式，还将其运用到营销广告当中。然而，计算机是擅长运用演绎模式的，这就要求营销人员必须转变思路，尤其是分析思路。但要将社会学、管理学、心理学、统计学、修辞学、营销学、人文艺术等一系列学科都囊括到广告行业，这是非常少见的。而各个学科的专家们之所以都能在无意间关注到同一件事情，说明他们内心其实是期望共同创造一门新的“人的科学”的。

那么，怎样才能从分析角度入手，使“人的科学”实现科学化、数据化和智能化呢？

这就需要我们先来了解一下经济学。

1776 年，亚当・斯密（Adam Smith）的《国富论》出版，标志着经济学作为一门独立学科诞生。《国富论》中提出了市场机制是一只“看不见的手”的概念，但这只“手”是如何实现财富最优配置的，却让人不得而知。可以说，《国富论》表达更多的是亚当·斯密的一种预见性的洞察和诸多实用性的见解，他并没有用数学方法论证过。所以，亚当·斯密其实是确立了经济学作为一门学科的研究方向。这与广告的发展很相似，广告虽然是一门学科，但当有人提出“科学广告”时，其实也只是提供了一个研究方向而已。

不过，经济学家和广告专家不同的是，他们想把经济学变得更加“科学”，最好可以用精确的数学模型来描述经济现象，就像物理学家可以用一个数学公式来描述物体的运动轨迹一样。而最早做这种尝试的人，是法国经济学家莱昂·瓦尔拉斯（Léon Walras）。

1872年，瓦尔拉斯的巨著《纯粹经济学要义》出版，其将经济体看成一个封闭系统，财富被随机分配给具有不同偏好的人，这些人可以通过交易来达到经济的“均衡状态”。瓦尔拉斯希望发掘可预测性，这就意味着他需要一个唯一的、稳定的均衡点。更确切地说，瓦尔拉斯将市场中的供求平衡比作物理均衡系统里的力量均衡。他推测，市场上每一件用来交易的商品都只有一个可以达到平衡点的价格，在这个平衡点上，交易双方都很满意，市场就能够出清。

正是瓦尔拉斯这种思路的开创，使得经济学引入了更多的数学，让经济学家可以用数学公式来表示复杂的经济现象，让经济学比其他社会学科看起来更加“科学”。但这又带来了一个新问题，即经济体中的个人也必须要像物理世界中的物体一样，行为模式是统一的、可预测的。如何才能让现实世界中的人类行为变得可预测呢？这是个问题。为了解决这个问题，瓦尔拉斯给出了经典的“经济人”假设，假定每个人都绝对自私，又绝对理性。

我们知道，人其实既不是完全自私的，也不是完全理性的，从这个角度来说，瓦尔拉斯的理论似乎不成立。但从经济学角度来说，将人的行为抽象出来研究是必然的。不管是否要假定人是自私抑或理性，在经济学科学化的进程中，有两条核心信息值得我们借鉴，那就是系统均衡和围绕人类行为的抽象化。

接下来，我们就看一下这两条核心信息是如何发挥效用的。

3.1.1　经济学理论结合数学分析

19 世纪末，莱昂·瓦尔拉斯非常励志地解决了将经济学理论科学化这个世纪难题之后，又过了一个多世纪，数学在经济学中的应用才达到专业化程度，随后快速发展，很快又达到职业化，甚至达到登峰造极的地步。相比之下，此时的广告产业才刚刚独立。

20 世纪 20 年代，挪威经济学家拉格纳·弗里希（Ragnar Frisch）将经济学理论、数理方法和统计学应用于实际经济问题的分析当中，为经济规划的决策模型装上了科学的引擎。不仅如此，弗里希还在 1933 年提出了“宏观经济学”的概念，之后在凯恩斯理论的支撑下，宏观经济分析逐渐发展成经济学中一个独立的理论体系。

与宏观经济分析相对应的就是微观经济分析。20 世纪 30 年代以后，英国的罗宾逊和美国的张伯伦在均衡价格理论基础上，又提出了厂商均衡理论。由此，微观经济学也确立了它的学术体系。而在微观经济研究方面进行开创性探索的，是美国经济学家加里·斯坦利·贝克尔（Gary Stanley Becker），他开辟了一个以前只有社会学家、人类学家和心理学家才关心的研究领域，相信经济学可用来分析人类的所有行为。

由此，经济学理论和数学分析相结合，三个分析维度在 20 世纪末便基本定型，这三个分析维度就是：宏观分析、微观分析和人群行为分析。

其实关于这三个分析维度，亚当·斯密都曾论述过。比如对于宏观分析，亚当·斯密就曾提出，市场在鼓励人们追求自身利益的过程中，会自然而然地触发他们的勤劳、节俭品质和创造精神，并通过竞争的力量，引导人们把其资源投向生产率最高的经济领域，从而促成社会资源的优化配置。对于微观分析，他认为劳动是价值的唯一源泉，并将每一种商品中所包含的劳动量视为衡量交换价值的尺度，以此为基础，通过考察自然价格和市场价格的关系，分析竞争约束个人自利行为的作用形式和价格机制配置社会资源的运动过程。而在人群行为方面，亚当·斯密也提出了他的论断：每个人在追求自身利益时，都会“被一只看不见的手引导着去达到并非出于其本意的目的”。

广告学正是从宏观、微观和人群分析三个角度出发，并借鉴了其中的分析方式，用以回答波爱修斯关于修辞学中“分析”部分的议题。所以，当前很多策略型广告策划都会以这三个分析角度为出发点，并结合各个学科的研究成果进行参数分析，而不是“拍脑袋”得出策略。但是，如果细究这种分析方式在广告策略导出中的应用时，就会发现还有两个问题尚未解决：一个是如何使三种分析角度联动；另一个就是如何将演绎模式变成机器能够操作的归纳模式，以便更好地运用数学和计算机的力量，形成营销策略的基本分析框架。而这两个，正是广告人亟待解决的问题。

3.1.2　经济学角度定义的用户画像

经济学分析有着属于自己的概念，如消费者偏好、价格、产品功能等，这些都是作为经济领域内的抽象概念而存在的，就像物理学中被高度抽象的力、速度等概念。对经济学的研究就是基于这些抽象的概念，并结合假设来展开的，如宏观经济学模型以假设货币、劳动力市场、资本市场、政府和中央银行的存在开始，传统的微观经济模型通常以消费者、生产者、技术和市场的存在作为一种假设而开始。这就好比在营销领域抽象出 4P 模型——产品、渠道、价钱、促销，是一样的道理，并且还极其高明地抽象出“品牌”这个领域内特有的概念。

经济学之所以能从人文社会中跳脱出来，形成一个新的领域，主要是因为经济学家从人类行为标准出发，设立了“经济人”这个模型。在西方古典经济学家看来，经济人是完全理性的，可以做出让自己利益最大化的选择。到了1978年，诺贝尔经济学奖得主西蒙·库兹涅茨（Simon Kuznets）修正了这一理论，提出了“有限理性”的概念，认为人是介于完全理性与非理性之间的“有限理性”状态。

虽然以上理论都存在很多不足，但至少提供了一种可以通过科学方法来理解人类行为的基准，描述了人类在经济生活中的一些基本行为规律。通过理解这些微观层面的规律，我们也可以更好地理解宏观层面的经济行为。

在经济学中，宏观、微观和人类行为是分散而独立存在的，但是，策略分析却是由宏观、微观和人群分析三部分组成的，这其实是延续了战略学派的研究分析模块，而形成的约定俗成的修辞论述的结果。营销策略机构的确想通过数据分析技术产出策略行动，但由于这种行动的多样性，本质上还是需要人来担任决策者、运营者和行为者共同协作完成，所以行动的第一步是产生策略，也就是说服的过程。在营销机构中，这一步被称为“提案”。

在策略的产生阶段，人的直觉更容易接受故事和各种因果关系，因此从计算角度来看，就需要将各种故事转化为因果关系图，用这种方法解读问题，执行与既定问题（干预问题或反事实问题）相对应的行动手段，并使用修改后的因果模型进行计算。这就解答了我们为什么在策划时需要宏观、微观和人群分析三个维度之间的联动，并将演绎模式转变为归纳模式的原因。

与此同时，这也为我们指明了一个联动的方向，即将宏观、微观和人群分析归集到一个共同模型假设上，而不是类似于人的阐述方法上，再通过对模糊地带的诠释说明来进行发散描述和演绎说明。否则，机器无法理解，也就无法发挥数据和技术的力量。

比利时哲学家凯姆·帕雷尔曼（Chaim Perelman）是一个让修辞研究在人文领域获得“重生”的人物，在他看来，人们无法将心理和社会条件当作不相干的因素而不加理会，因为缺失这些条件，修辞论辩就没有任何意义，也不能有任何结果。所以，人们需要看重“受众”这一概念的内涵。《西方修辞学史》指出：受众总是论辩者的一种心智构筑，论辩者不仅根据自己对语境、目的等各种因素考虑虚构的受众，还以这种方式为手段，对真正的受众施加压力，迫使他们就范。

社会是一个由多种多样的受众意见构成的合意空间。在修辞研究中，我们将分析归结于受众视角，论述方式也是从宏观到微观再到受众，就像由大到小的漏斗关系一样。但从分析角度来说，受众分析在宏观分析时就已经通过受众行为的方式选择了自己需要的分析部分，微观分析也是如此。

接下来，我们就分别从宏观分析、微观分析和人群分析三个方面，来论述一下分析模块是如何对受众施加压力和影响受众的。

3.2 宏观分析：基于消费模型用 PEST 模型理解受众

1690 年，英国古典政治经济学之父、统计学创始人威廉·配第（William Petty）出版了一本经济学著作，名为《政治算术》。在该书中，配第希望用数量分析的方法（即算术）来研究社会问题（即政治）。在配第看来，数字本身的确定和精确可以解决分析过程中的不确定性问题，避免了单纯的文字阐述带来的冗长和模糊。如果对于社会宏观环境的理解和分析可以达到定性测度的程度，那么国家管理者在治理国家时就可以摆脱个人的非理性成分，从书中获得客观的指导。这种方法其实是一种统计方法，也就是现代经济学中所谓的“实证”分析。当然，如果配第能看到 300 年后的今天的话，他一定会感到沮丧，因为今天的政治科学家们在处理社会事务时，仍然习惯被偏见和冲动所左右，而不是遵循纯粹的理性与逻辑。显然，真实的社会并不如配第所设想的那样，只是简单的物理式的社会管理模式。

配第的思路和观点与我国西汉时期的王莽颇为相似，王莽的新政改革也曾试图利用“宇宙真理”创造繁荣。他自创了一套“完美计划”，如改变币制、更换官制官名、以王田制为名恢复井田制等，但结果并不理想，因为他人为地干涉了天然形成的社会秩序。而同一时代的罗马统治者盖乌斯·屋大维·奥古斯都（Gaius Octavius Augustus）就要“聪明”得多，他懂得“顺势而为”，采取了一系列顺应形势的内外政策，如改革军队、实行雇佣兵制度、建立禁卫军、对外扩张等，由此开创了罗马帝国相对安定的政治局面，为帝国初期的繁荣打下基础。

从宏观角度来说，屋大维的“顺势而为”击败了王莽辛苦制订的“完美计划”。这也正如亚当·斯密指出的那样，市场背后有“一只看不见的手”，你只能去感知这种由众多因素构成的“势”，也就是凯姆·帕雷尔曼笔下多样的“受众”意见构成的合意空间。这些基于个体行为而转化为群体表现的趋向，是无法用威廉·配第式的精密逻辑来“计划”的。王莽正是犯了配第式的错，而屋大维却赢在了理解受众的意见。

在今天的宏观战略分析中，PEST 模型是最常用的思维模型之一。它主要用于分析企业所处的外部环境，了解宏观环境对企业战略的影响。简单来说，PEST 模型就是要告诉我们：现在和未来的宏观环境是否适合企业的发展，以及是否能够满足消费者的需求。

3.2.1　用 PEST 模型分析宏观环境

上百年来，经济学家们发明了许多适用于不同分析情况的分析模型，PEST 模型就是其中之一。简单来说，PEST 模型是一种分析企业外部形势的商业模型。所谓 PEST，是由四个英文单词的首字母组成，这四个英文单词分别为 Politics（政治）、Economy（经济）、Society（社会）、Technology（技术）。这四种因素都属于企业的外部环境，不受企业掌控，因此它们也被戏称为“Pest（有害物）”（见图3-1）。

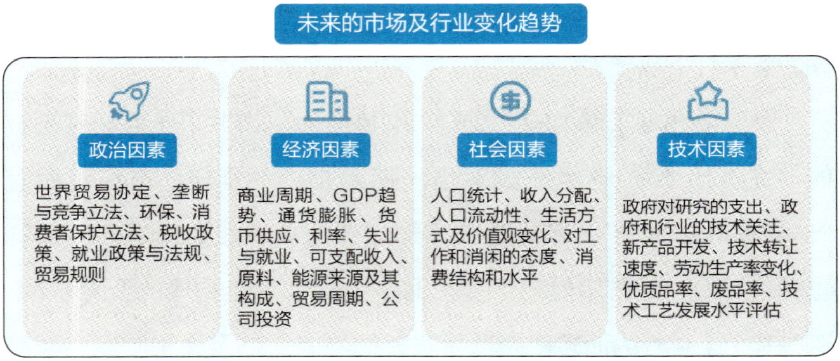

未来的市场及行业变化趋势

政治因素

世界贸易协定、垄断与竞争立法、环保、消费者保护立法、税收政策、就业政策与法规、贸易规则

经济因素

商业周期、GDP趋势、通货膨胀、货币供应、利率、失业与就业、可支配收入、原料、能源来源及其构成、贸易周期、公司投资

社会因素

人口统计、收入分配、人口流动性、生活方式及价值观变化、对工作和消闲的态度、消费结构和水平

技术因素

政府对研究的支出、政府和行业的技术关注、新产品开发、技术转让速度、劳动生产率变化、优质品率、废品率、技术工艺发展水平评估

图3-1　PEST 分析模型所包含的内容

我们可以利用 PEST 分析模型对王莽与屋大维的改革进行有关宏观环境的分析梳理。

1. 政治因素（Political Factors）

王莽：

王莽在政治上实施了全面恢复分封制，以取代秦汉时期建立起来的中央集权的郡县制度。他取消了世袭制，推行选拔贤才制度，为中国政治制度的变革奠定了基础。

然而，王莽的新政并没有获得民众的广泛认同和支持，反而导致社会动荡不安，最终新政也只落了个失败的后果。可以说，王莽在政治方面的改革成果是不尽如人意的。

屋大维：

屋大维的元首制是在共和制的废墟上建立起来的一座新型的国家管理机构大厦，他在改造旧机构、利用旧机构的同时，又赋予了它许多新的权力，使罗马中央政府正式形成了以元首为中心的权力体系，这是元首制区别于共和制的根本所在。从属于元首的一个重要机构是元首顾问会议，它是由高级官吏和 15 位元老组成，专门讨论、拟定提交给元老院的决议草案，平时为元首出谋划策。但它有许多随意性，属于一个临时机构，参加人员因元首的需要不同而随时更换。元首下面还有一个复杂的行政机关，包括从属于元首的中央办公厅及其许多官职。中央办公厅是处理屋大维家庭事务的机构，包括消费经办人、秘书、医生、厨师等。其他零散的机构有粮食供应委员会、公路委员会、供求委员会、河道管理委员会等。

屋大维的做法正好与王莽相反，他在罗马帝国开创了元首制，对军事、经济、宗教等方面都实施了独裁统治，这一行为也让屋大维被称为是“披着民主外衣的君主”。

2. 经济因素（Economic Factors）

王莽：

王莽在经济方面的改革主要是创立了“王田制”，变地主阶级土地私有制为封建土地国有制，企图以此来遏止土地兼并。

除此之外，王莽还宣布酒、盐、铁等由国家专营，依靠国家手段稳定粮、布市场。同时，他还实施政府控制物价，禁止商人囤货炒作，商人的货物低于政府定价时可以随意买卖，供大于求时由政府按本钱购买，供小于求时政府再以平常物价卖出，以此消除贫富差距。物价高于市平，司市官照市平出售；低于市平则听民买卖；五谷布帛等生活必需品滞销时，由司市官按本价收买。

这种经济模型就是典型的计划经济，但由于新政推行时机不当，加上自然灾害和战争等因素影响，新政实施后，经济发展并没有如预期般繁荣，反而还引发了很多问题，如农民的抗议和失业率的上升等。

屋大维：

罗马的多位皇帝都喜欢把从农业上征来的重税花费在军队、庙宇及娱乐方面。一旦帝国不再扩张，国家经济就开始停滞并衰退。虽然屋大维曾试图安置老兵务农，以复兴农业，但收效甚微，国家一直依赖从埃及进口的粮食。

3. 社会因素（Social Factors）

王莽：

汉朝是半农奴制的时代，而王莽认为，买卖奴婢有违“天地之性人为贵”的大义，因此规定奴婢为“私属”，不准买卖，企图以这种方式限制奴隶的范围和数目的扩大，使其最终自然消亡。但这种改革制度却加剧了社会的分化和人民的不满情绪，结果导致了一些地方的动乱和民变。

屋大维：

屋大维对罗马的首都进行了修葺，设置众多娱乐活动，以愉悦罗马市民，由此也获得了罗马帝国民众的心。同时，屋大维还敢于放权，“把行省与军队交给顺从点的薪水阶层进行管理，从而成功地使之规范化”。这一系列措施，维护了和平的社会环境。

4. 技术因素（Technical Factors）

王莽：

王莽比较关注技术的发展，在得知有一位巧匠能制作一种飞行器时，王莽立即召见他，并亲自观看了他的表演，支持他的飞行实验。在教育、祭祀、法律、音乐、漏刻、建筑、历法、度量衡、车辆制作等方面，王莽也采取了一系列的革新措施。

屋大维：

屋大维对罗马文化的保护达到了前所未有的高度，在统治期间，他对诗人、艺术家、雕塑家和建筑家都进行了保护。在屋大维的支持下，罗马文化发展到了黄金时期，众多优质的艺术家脱颖而出，如贺拉斯、李维、奥维德、维吉尔等。

如果我们通过 PEST 模型来分析这两个时代的发展轨迹，就会发现：

（1）在政治方面，屋大维的政策强调维护中央集权和统一的行政管理体系，从而提高了政府的稳定性。相反，王莽的政策更关注分权和地方自治，结果导致了政治分裂和内部冲突，进一步破坏了政府的稳定性。

（2）在经济方面，屋大维的政策主要是通过扩大农业、矿业和商业发展，提高帝国的经济实力。相比之下，王莽的政策则是通过改革土地制度和减轻负担等方式，促进农业生产和解决经济发展不平衡问题。

（3）在社会文化方面，屋大维注重提升人民的文化素质和道德品质，推行婚姻法和公共教育等措施，进一步增强了社会稳定和人民幸福感。而王莽的政策主要是通过推行新的宗教和思想，加强对社会的控制和影响。

（4）在统治手段方面，屋大维注重扩大皇权，通过法律和政策的实施来维护国家的稳定和权威。而王莽则更多地采用暴力手段，如加强对军队的控制，以及通过打击政治反对派来维护自己的统治。

从政策来看，王莽采用的政策更具前瞻性；从 PEST 模型来看，王莽的改革也是一个很好的总结归纳模型。但是，在对这些政策及改革措施进行优劣评估，并做下一步的趋势判断时，王莽的改革就没有太多可取之处了。历史学家对王莽改革失败的一种解释是“不切实际”。也就是说，他没有很好地理解受众，没能适应变革带来的社会群体变化，并处理好社会群体之间的关系。这也导致王莽无法建立一个高效率、有威信的能够推行新政的领导班子，使改革缺乏社会基础，失败也就成了必然结局。

而反观屋大维的统治，他在管理层面敢于放权，建立新的元老院会所和各种神庙，还兴建各种娱乐项目，丰富老百姓的业余生活，这就相当于维护了社会不同层面受众的和平与稳定局面，其改革可谓是双管齐下。

经济学者一般认为，宏观经济学是一种自上而下的经济观，它从“为什么出现财政赤字”“失业率攀升”等问题开始，深入地进行研究，以寻求答案。而微观经济学是一种自下而上的经济观，它从个体的消费行为、机构单元决策开始，再逐步建立起市场。

由此可见，宏观经济分析模型是从上向下进行深入，而微观经济分析模型是从下向上进行归纳的。虽然两种分析模型中有许多共同观念、技巧和传统的均衡框架，但两者并没有有效地完成对接。这就好比面对一座大山，一群人从山顶向下修建缆车道，另一群人从山底向上修建公路，两者都没有考虑是否会在山腰相遇。

当然，学者在研究时是不需要考虑这种相遇的，他们只需要构建一种制度或探索一条道路就可以了。但是，行动派不能不考虑，而策划就是必须付诸行动的行动派。因为从本质上来说，操控一场变革和通过营销带来一场消费行为的改变，都是多变且复杂的事情。全球复杂性科学研究中心圣塔菲研究所的科学家就认为，许多难题本身就是“复杂系统”，它们具有集体或涌现的特征，以自下而上、系统的方法来理解会更好。

如此一来，想要在营销传播中分析并理解民意，怎样自下而上地理解一个个体而形成集体所涌现的特征，并加以应用，就成了一件十分关键的事。

3.2.2　消费者的三类购买决策

想要从营销传播角度分析并了解民意，由个体行为分析出消费者的集体特征，就要先弄清消费者一般会做出哪些购买决策。纽约大学商学院的亨利·阿塞尔（Henry Assael）教授在《消费者行为和营销策略》一书中，重点研究了消费者做出购买决策的过程，包括影响消费者决策的认知因素、消费者的经验过程、影响消费者决策的消费者特征、影响消费者行为的环境因素等，提出了消费者购买决策模型，它分为三类，分别为复杂决策、有限决策和简单决策（见图 3-2）。

图 3-2 消费者的三类购买决策模型

1. 复杂决策

复杂决策是品牌间差异较大，且消费者有较多时间进行斟酌的情况下所做出的购买决策。在这种决策中，消费者的介入程度较高，比如很多 B2B 行业的采购、电信设备的采购等，都需要消费者的介入。它所表现出的特点是高成本、低频次、决策时间长。

2. 简单决策

简单决策也称习惯性购买决策，经常发生在购买的介入程度很低的情况下。它是一种习惯性行为，很少或没有特意进行思考，如消费一瓶可乐。它表现出来的特点是低成本、高频次、决策时间短。

3. 有限决策

有限决策是一种介于复杂决策与简单决策之间的决策行为。在这个过程中，消费者熟悉产品和可用的品牌，但没有明确的品牌偏好，因此与常规的购买行为相比，这种行为中的消费者更为复杂，他们希望收集一些陌生品牌的信息，以便更好地做决定。

这就将个体典型的决策行为抽象出来进行分类处理，而消费行为学中对购买决策还进行了进一步的阐述。

广义的消费者购买决策是指消费者为了满足某种需求，在一定购买动机的支配下，在可供选择的两个或两个以上的购买方案中，经过分析、评价、选择并实施最佳的购买方案，以及购买后进行评价的活动过程。它是一个系统的决策活动过程，包括需求的确定、购买动机的形成、购买方案的抉择和实施、购买后的评价等环节。

广义的消费者购买决策流程如图 3－3 所示：

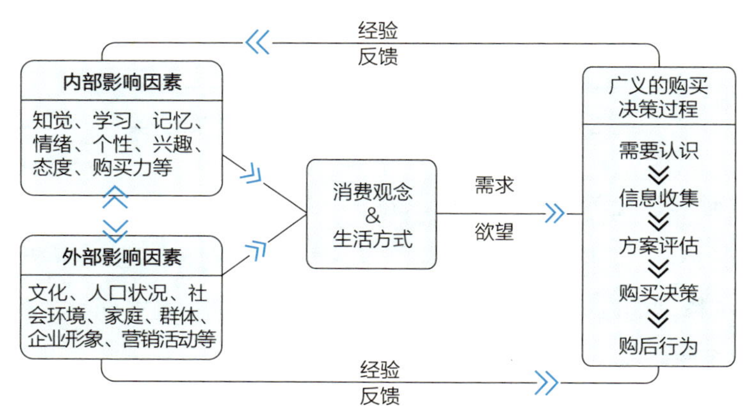

图 3－3　广义的消费者购买决策流程

基于这幅图，我们也可以明确地了解到宏观和微观都应该分析什么，如文化状况、人口状况、群体或企业形象等，而不是去照搬战略学派中的分析维度或沿袭经济学家们的研究角度。

此外，大量研究策划案中的宏观分析还表明，宏观分析的切入点是行业，或者说策划案中的宏观分析主要看行业态势，而购买决策流程与行业特征有很强的关联度。因此，将行业归到不同购买决策的类型中后，我们就能解答宏观分析篇幅和涵盖信息度的问题。

根据以上的决策分类，我们也可以对行业进行划分（见图 3－4）：

决策类型	行业划分	分析模块
复杂决策	B2B、航空、医美、房产、金融等	PEST
有限决策	汽车、3c数码、奢侈品、旅游、教育等	EST
简单决策	食品、餐饮、烟酒、小家电等	SE

图 3－4　根据三类消费者购买决策进行的行业分类

通过以上的决策分类可以看出，PEST 模型的四个要素对于不同行业的影响。比如，需要复杂决策的行业，基本需要对 PEST 模型的四个要素都进行考虑，因为这种决策周期长、价格高的品类，只有经过全面分析，才有可能从多方面触达不同的营销者来实现最后的营销目标。

相反，对于简单决策的行业，宏观分析就没那么重要，这些行业要考虑的要素主要集中在“S”与“E”上，即主要研究社会文化趋势和人们的生活水平、消费方式等。同理，对于有限决策型的行业，通常需要重点关注“E”“S”“T”三个要素。

由以上分析也可以看出，三种决策模型都会涉及“E（经济环境）”和“S（社会文化）”。经济环境好，消费者具有良好的经济实力，消费水平就会高；而对于社会文化的关注，也可以解释为什么一些代理公司更侧重于将文化和流行趋势的分析用于广告营销策略之中。

人类学家罗伯特·博伊德（Robert Boyd）认为，文化准则就是在社会环境中行动的经济法则。文化是一群主体的自然特征，由主体在社会环境中的行动以及互动的行为法则（或准则）所决定。所以，文化会在很大程度上影响人在社会群体中的行为，并随着时间的推移在人与人之间传播，比如由父母传给子女、由老师传给学生、由老板传给员工，或者在好友之间互传等。这些研究可以很好地将宏观分析联系到人群行为分析上，以区分这个宏观环境当中人群的组成，如谁是核心人群、人群结构流动趋向如何，以及是否具有群体获利等。

3.2.3 案例：IBM 超级计算机露西（Lucy）参与市场研究

从 2016 年起，IBM Watson 开始与美国市场营销协会（American Marketing Association，简称 AMA）合作营销认知计算

（Cognitive Computing for Marketing）项目，旨在利用 IBM Watson 的认知计算技术帮助市场营销专业人员更好地了解消费者、预测趋势和优化营销效果。

近年来，美国市场营销协会探索如何以最佳方式将 AI 技术加入信息收集、结果分析以及交流调研结果的各个阶段。而 IBM Watson 系列超级计算机露西（Lucy）便参与了这个项目。

最初阶段，露西在美国市场营销协会只是作为一个市场调研助理存在，它更像是一个搜索引擎，主要负责检索文章并识别，再根据问题本身找到更多相关的信息。工作人员会告诉它找到结果的方向是否正确，如果正确的话会有怎样的反馈，等等。露西也会持续从这些反馈中学习。

露西所寻找的数据来源主要包括美国市场营销协会通过新闻、AMA.org 网站等出版或发表的所有内容。举例来说，如果你对历史上出现在超级碗（Super Bowl）上的广告感兴趣，露西就会为你通读 5 篇或 20 篇学术论文、期刊文章、博客帖子、推特（Twitter）上的有关观点及相关信息，而不仅仅给你一个文章链接的列表。而且露西还会利用两周时间来消化这些信息，系统地“学习”广告这门学科。通过这种方式，露西不断地为美国市场营销协会的研究增值，并将营销定量模型、消费者行为模型、广义的营销策略和管理技术等转变为可执行、可管理的答案，以回答市场营销人员提出的问题。

目前，露西已经逐渐从一个助理的身份变为一个从事市场研究和消费者细分方面的专家，也越来越擅长消费者互动内容的策划。以一个快消品的策划案 AI 生成为例，露西首先会获取相关的结构化数据，如快消市场的行业报告、相关受众调研问卷，以及友商电商价格信息等，再通过网络获取相应的非结构化数据，如社交媒体上消费者对该产品的使用体验、新闻媒体中对产品给出的专家视角、媒体曝光量和舆情的评估以及友商在媒体上的口碑等，然后，露西对这些采集的数据进行清洗和整理，去除重复、无关和不完整的数据，再通过 IBM Watson 分析这些结构化和非结构化数据，进行典型意见提取、消费者洞察挖掘、结合时间热点自动生产活动创意主题，通过受众行为习惯将营销元素组合生成营销策划方案。

未来，露西也可以利用机器学习和 AI 技术对各种数据进行分析和建模，帮助市场营销专业人员发现数据中的各种规律与趋势，预测市场的发展趋势和消费者行为。数据结果会以图表、报告、可视化界面等形式呈现出来，帮助市场营销专业人员更加直观地了解市场情况和趋势，并提供有效的决策支持。

3.3 微观分析：识别和定位人群心智版图

被誉为“竞争战略之父”的迈克尔·波特（Michael Porter）认为，竞争战略是企业战略的一种，是企业在同一使用价值的竞争上采取进攻或防御的长期行为。竞争战略分析的主要目的在于了解竞争对手的经营状况、了解目标客户的未来需求以及发现新的消费点和新的客户群，最终达到在未来市场竞争活动中占据主导位置的目的。

在标准的商学院教案中，关注竞争状态有三个变量：

（1）市场份额：目标行业市场中所占的份额百分比；

（2）心智份额：行业中第一个能想到的品牌在潜在消费者中所占的百分比；

（3）情感份额：倾向于购买哪个企业的产品，提到的竞争者所占的百分比。

在西方社会引入调研方式来研究市场经济的时候，通过客观数据统计方式来测量、评估甚至预测市场份额，这是大家都能接受的方式，也是被企业市场部门广泛应用的。而心智份额和情感份额只能由主观判断和人为设定的调研来缓慢完成。但是，这是计算机程序无法读懂的部分，因此也成为竞品分析自动化的难题。

从我们之前的论述可知，在企业运营中，广告只是企业营销部门的一个子集，但将广告当作一门学科来讨论的话，其自身的外延就会大于营销本身，并且它也更看重基于人的部分，广告的竞争分析也需要基于人来感知品牌和产品。

广告策略必须符合受众的心智规律与认知机制，符合人群深刻而隐秘的心理需求，这是人类在漫长历史中不断进化形成的机制。人类的“心性”一直是非常稳定的常量，只不过我们此前无法用技术来衡量它，直到 AI 技术的出现。

3.3.1 广告营销是围绕用户心智进行的竞争

“竞争”一词最早源于战争，意思是国家或军队之间的分庭抗争、厮杀搏斗等。当社会经济兴起之后，人们争夺资源的方式不再是只通过战争进行，各种战略、战术和竞争迁移到了商业环境中。在这个过程中，人们越来越清晰地意识到，战争只是获取资源的手段之一，想在竞争中获得资源是有很多方法的。

如果从经济学角度来定义竞争，就是指多数私人生产者或企业为获得私有利益而发生的敌对冲突和斗争。在做竞争分析时，企业或个人也会将关注点全部集中在几个行业内的竞争品牌分析上，因为在更深入地研究竞争者时，我们才会自然而然地看到那些真正与自己形成竞争关系的品牌，这也让我们在关注竞争对手的同时可以看到整个大局。

但是，在做营销策划时，我们为什么要做竞争分析呢？难道就是为了击败竞争对手吗？

这只是其中的一个因素。事实上，这个问题对于企业战略的制定来说或许具有一定的平衡效果，但对于广告营销这种带有一定修辞性质的行为来说，从消费者的角度出发进行竞争分析才是一种必然。

在 2010 年前后，培恩公司在全球范围内发布全新营销方法论 Insight 工具时，我对整个策略导出部分感到十分惊讶，因为它去掉了类似于 BCG 矩阵的竞争分析部分。当我与培恩国际公关公司（Porter Novelli Insight）工具的首席策略长蒋奥德（John Orme）交流时，他微笑着说："这一切都包含在你对消费者的分析洞察之中。"

企业战略中的竞争分析与营销传播中的竞争分析是不同的，这一点很早就被营销大师们提出来了。品牌营销大师、定位理论之父杰克·特劳特据此还提出一个全新的概念，叫作"人群心智"。在心智引擎的驱动下，人可以进行诸如感觉、联想、推理、归纳、回忆与想象等思维活动，就像播放器打开电脑里的数据资料，可以自行继续播放、计算、搜索与存储一样。

同时，心智还是一个心理学范围内的名称。心理学对心智的定义是：人们对已知事物的沉淀与储存，通过生物反应而实现动因的一种能力的总和。而首次将"心智"这个词引入营销学的人就是特劳特。在其所著的《定位》一书中，特劳特将该书的副标题叫作"争夺用户心智的战争"，并在书中将"心智"这个心理学概念与消费者相结合，称为"消费者心智"。

在《定位》中，特劳特写到："产品一旦牢牢占据消费者心智梯子的最上层，品牌的名称就变成了通用名称的代名词，并因此而受益无穷。"

比如在图 3-5 中，"网上购物"这把梯子，其最上边可能是淘宝，接下来是京东，再接下来的品牌就比较模糊了。因此，

“淘宝”就成了网上购物的代名词。

再比如购买软饮料时，这个品类梯子的最上方是可口可乐，接下来是百事可乐，再接下来可能是七喜、雪碧等，消费者也许已经分不清了。因此，“可口可乐”就成了软饮料的代名词。

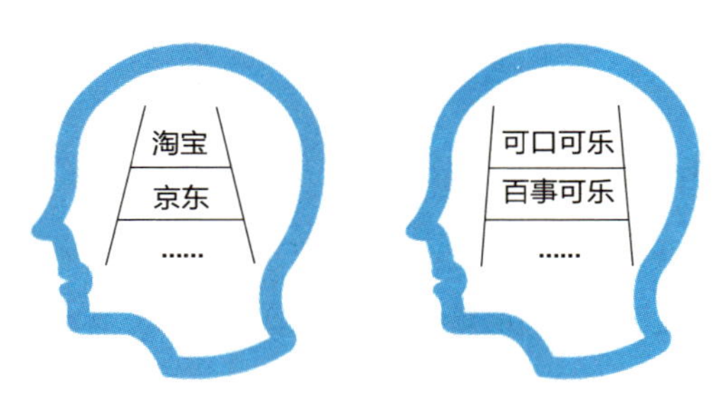

图 3-5　消费者的心智梯子模型

按照定位理论的说法，品牌已经在不知不觉中对我们进行了包围，我们已经被某一个品牌抢占了心智。如此说来，我们也需要知道自己的竞争对手正在或者想要抢占哪些消费者心智，这样才能更好地规划和定位自己的本品需要抢占的消费者心智在哪里。

我们经常说，营销传播无法直接解决销售问题，但一旦你抢占了消费者心智，就掌握和锁定了消费者心智，接下来你就可以打通客源链接点，在客源市场的制高点上垄断客源，形成独家卖场。

既然抢占消费者心智如此重要，那么，我们该如何识别消费者的心智版图呢？

3.3.2 识别人群心智版图的策略

心智是消费者隐藏在内心深处的，这使得消费者对待产品既有理性明智的功能选择，又有感性的价值认同。如果可以绘制一份人群心智版图，那么理性和感性就能构成一条轴线，形成一个衡量维度。

既然营销传播可以促使人们的行为发生改变，那么消费决策链路也必然是这其中的一个关键性衡量指标。在宏观分析中我们得知，复杂决策、有限决策和简单决策都可以引发一定的消费数量，现在在分析衡量人群心智时，我们又有了一个新的衡量维度，可以用来衡量消费数量，即人群心智版图（见图 3-6）。

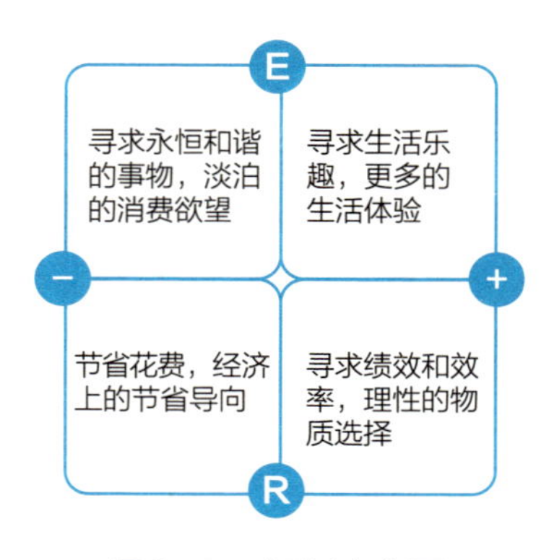

图 3-6 人群心智版图

这幅人群心智版图的呈现方式是以理性与感性、消费的多少分别为坐标轴，形成一个四象限平面图，然后再在这个平面图上进行分类观察。它就是欧洲最大的咨询公司罗兰贝格的品牌方法论。根据这个人群心智版图，罗兰贝格公司可以通过具体的量化调查和心理分析来挖掘消费者购买行为背后的潜在心理。而对于消费者的消费心理，我也进行了挖掘，并划分出 6 个不同的价值区间，总结归纳出 19 个需求元素（见图 3－7）。

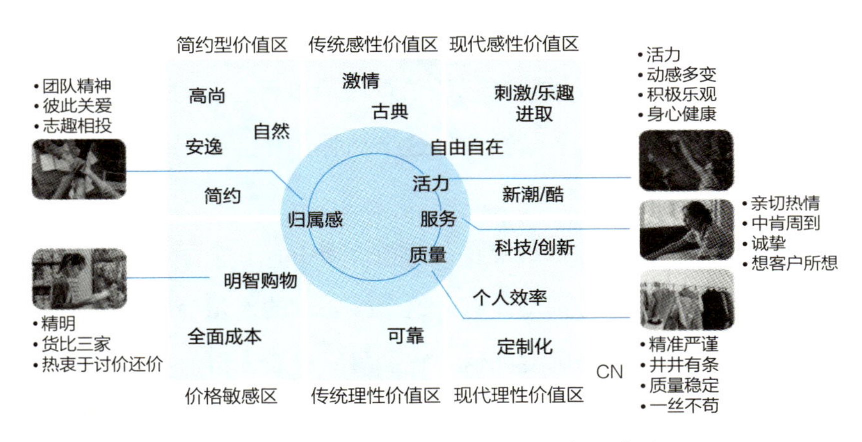

图 3－7　消费者消费心理的价值区间与需求图

由图 3－7 可以得知，六个价值区间分别对应相关关键词：

（1）简约型价值区，对应高尚、自然、安逸、简约；

（2）传统感性价值区，对应激情、古典、归属感、自由自在、活力；

（3）现代感性价值区，对应刺激/乐趣、进取、新潮/酷；

（4）价格敏感区，对应全面成本、明智购物；

（5）传统理性价值区，对应服务、质量、可靠；

（6）现代理性价值区，对应科技/创新、个人效率、定制化。

通过每个区间及关键词所在位置，把人群心智版图清晰地勾勒了出来。

根据上面的价值区间与需求图，我们在传播品牌定位时，就可以将传递出的信息凝聚在其中的某个关键词上。比如，我们一谈到沃尔玛想到的就是“安全”，一谈到宝马想到的就是“激情、活力”等。当品牌要传递的信息与消费者心智的诉求点联通并形成共鸣时，消费者就会信任这个品牌，并选择购买这个品牌的产品。

简单来说，我们就是要看在营销传播中，一个品牌的核心信息所凝练出来的核心词是什么，这个核心词的声量有多大，消费者对这些核心词的好感度如何，它们可以对应人群心智当中的哪些关键词，等等。通过这种方式，我们就能弄清竞品与自己的竞争关系。

3.3.3 词向量技术定位人群心智

拥有了人群心智版图，企业就可以清晰地分析消费者的人群心智图，但这里有个问题，就是如何开展这项工作呢？

以前，人们会通过现场调研的方式开展工作，这种方式固然可行，但调研过程往往带有个人的主观色彩，并且时间周期较长，因此有很多弊端。

2018 年，谷歌发布了基于双向 Transformer 的大规模预训练语言模型，该模型可以高效抽取文本信息并用于各种自然语言处理（NLP）任务。这项研究也凭借预训练模型刷新了11项NLP任务的当前最优性能记录。这表明，AI在语言文本分析处理方面已经取得了不小的进步。

不仅如此，谷歌还开源了这部分的官方代码和预训练模型，包括BERT模型的TensorFlow实现、BERT－Base和BERT－Large预训练模型等。从严格意义上来说，BERT模型更加针对的是自然语言处理中的自然语言理解（NLU）分支的问题，而自然语言处理是一个更加宽泛的研究领域，包括更多算法、模型和应用场景。BERT模型可以用于问答系统、情感分析、垃圾邮件过滤、命名实体识别、文档聚类等任务当中。所以我们有理由相信，通过AI技术，可以将之前的调研问答、语义识别、统计分析等进行快速启动并完成。

此前，我曾对咖啡品牌星巴克做过一个竞品分析，我们先用爬虫技术以星巴克品牌作为关键词，获取了微博上的141万条信息语言资料。在这些信息中，被共同提及的品牌如图3－8所示：

通过这种方式我们发现，与星巴克最接近的竞争对手是哈根达斯，其次是麦当劳。这种技术就是NLP领域中一个分支的雏形——词向量技术。简单来说，词向量技术就是将词语转换为数学向量形式，并通过计算词向量之间的相似性，实现文本分类、情感分析和关键词提取等多种应用。

举个例子来说，假如下图中的文本序列是“我”“爱”“中国”“这片”“土地”（见图3－9）：

排名	关键词	提及次数
1	哈根达斯	13,242
2	麦当劳	12,053
3	必胜客	10,953
4	肯德基	10,600
5	Costa	5,188
6	DQ	3,988
7	满记甜品	3,309
8	85℃	1,228
9	McCafe	982
10	Pacific Coffee	814

图 3-8 与星巴克共同被提及的品牌排行榜

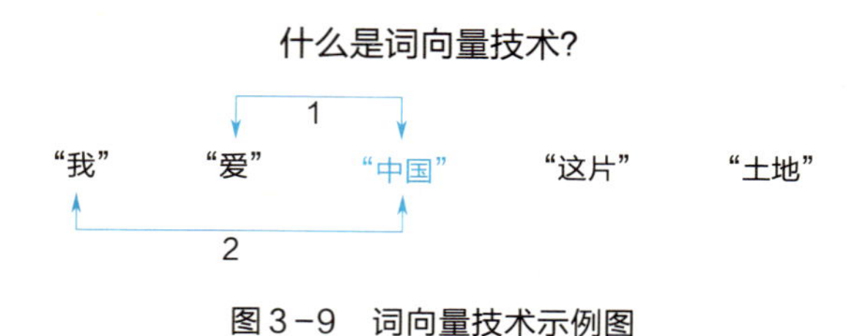

图 3-9 词向量技术示例图

我们以“中国”作为中心词，设定时间窗口大小为 2，此时跳字模型所关心的就是给定中心词“中国”生成与它距离不超过 2 个词的背景词“我”“爱”“这片”“土地”的条件概率。当成千上万条文本被记录下来，并以这种数学方式进行计算时，就可以计算出每个词与词之间的相关性和关系度。用数学来表示的话，就可以转换成数字化的距离。比如，上图中以“中国”为中心，“爱”字的距离是 1，“我”字的距离是 2，所以“爱”

与“中国”的关系更近。而词向量技术就是用这种方式来分析语句的语法和情感。

当我们将词向量技术应用于竞品分析时，就是要看品牌 A 的关键词与品牌 B 的关键词的距离，距离越近，从消费者口碑语料中判断出来的相关度就越高，数据也越多，当然竞争也越激烈。反之亦然。

这一点在用户对自身认知不够清晰的时候是很有效果的。比如，我们在一个案例中观察到，对于奥迪 Q3 品牌，用户想象中的竞争对手是北京奔驰 GLC、保时捷卡宴和 Jeep 牧马人。但是，机器分析出来的竞争对手却是宝马 X1、北京奔驰 GLA 和一汽大众奥迪 Q5（见图 3-10）。

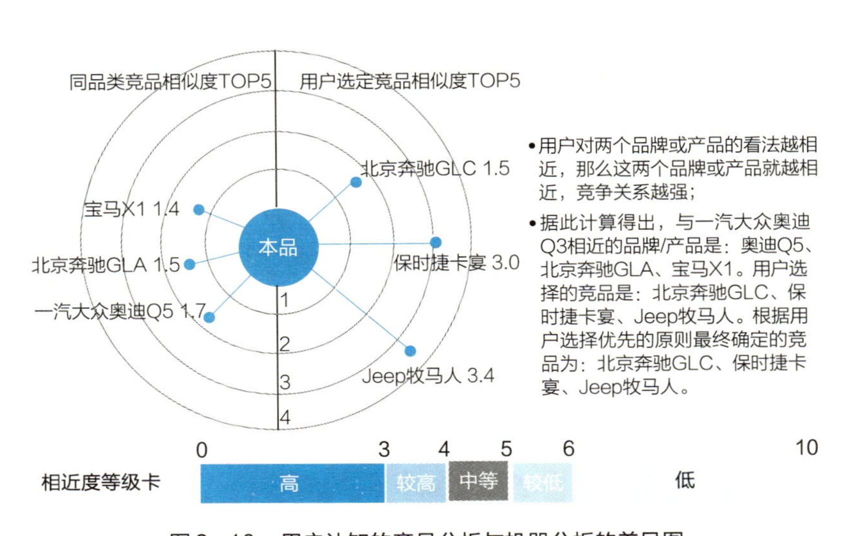

图 3-10　用户认知的竞品分析与机器分析的差异图

在上图中，竞争系数的数值越小，表示竞争程度越强。如宝马 X1 的竞争系数为 1.4，牧马人的竞争系数为 3.4，这就意味着宝马 X1 的竞争力度要比牧马人更强。

通过词向量技术识别完竞品后，AI 要开展的工作还未结束。我们再以新能源车为例，将品牌竞争对手换成 Link&co 领克、比亚迪、WEY、蔚来和荣威，将这些品牌名作为关键词，以过去 6 个月新浪微博平台对几大品牌的曝光度作为一个语料库，对这些语料数量及用户好感度进行统计，看看其中有哪些核心词（见图 3－11）。

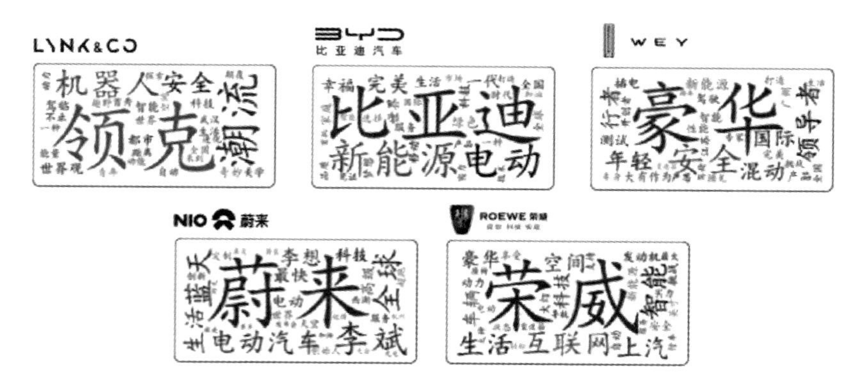

图 3－11　新浪微博对 5 大新能源车品牌的语料统计

通过以上分析方法得出的关键词如下图所示（见图 3－12）：

在统计出关键词后，接下来就可以将其映射到人群心智版图上面，这时我们需要再次用到词向量技术，来计算各个关键词之间的距离（见图 3－13）。

	竞争品牌心智词汇
Link&co领克	潮流、安全、机器人、世界观、动力
比亚迪	新能源、电动、完美、幸福、生活等
WEY	豪华、安全、领导者、年轻、行者等
蔚来	李斌、电动汽车、全球、蓝天、最快、生活、科技等
荣威	生活、智能、空间、互联网、豪华等

图 3－12　竞争品牌心智词汇

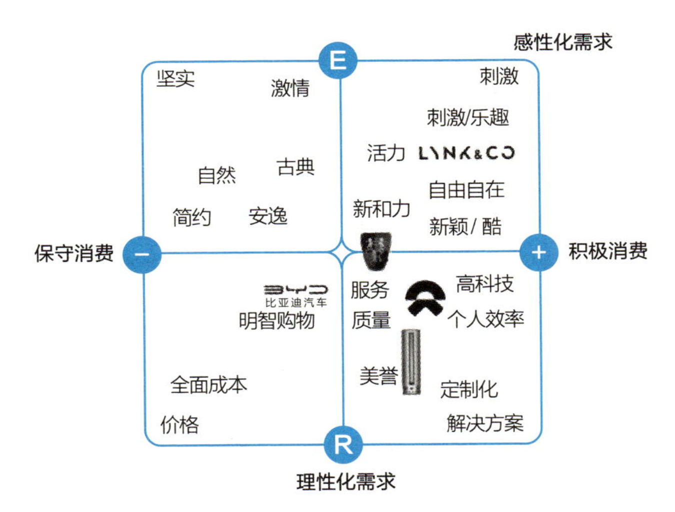

图 3－13　运用词向量技术计算关键词之间的距离

以图 3－13 中的 Link&co 领克为例，可以看出，它的核心关键词为潮流、安全、机器人、世界观、动力。当我们将这些关键词与罗兰贝格中的 19 个消费者核心价值元素词进行对比，就可以得出 Link&co 领克在人群心智版图中的“自由自在、新颖/酷、刺激/乐趣”区间范围内最为突出。因此，我们可以默认 Link&co 领克占领或试图占据人群心智版图中的这个位置。

以此类推，我们也可以找到有亲和力和服务的荣威、介于明智购物与质量之间的比亚迪，以及追求效率和高科技的蔚来所占据的人群心智版图位置。

3.3.4 案例：NetBase Quid“倾听”消费者心声

2022 年 8 月，社交媒体分析行业的领导者 NetBase 宣布，将与 AI 驱动文本分析的领导者 Quid 合并。合并之后，NetBase Quid 将建立一套独特的数据库，直接针对各个领域整理出新的产品与服务构思，同时借助社交信息收集与 AI 分析能力，更多地“听到”消费者尚未得到满足的诉求和对现产品的负面意见，从而分析出更好的产品和服务应该是什么样子的。在短短几分钟内，AI 系统就可以生成报告与见解。

以一个保健品厂商“嘉宝”的营销策略为例，首先，NetBase 通过分析社交平台上的海量数据来研究“嘉宝”所在的细分领域，如中年白领保健、老年人保健等。圈定了细分领域后，厂商再通过词向量技术来寻找“嘉宝”的友商竞品，获取竞品公司的相关技术和业务介绍，继而对这些数据和信息进行汇编和整理，从中识别出商业模式（OEM、ODM 代工厂或自身布局生产的大品牌商等）和行业趋势（消费者变化、销售模式变化、营销模式变化等），以洞察整个保健生态系统之间的关系是上下游、合作还是竞争。

与此同时，NetBase Quid平台还帮助“嘉宝”定制了用户期望的数据呈现方式，如产品功能特点（维生素、增强免疫、滋补或调节等）、适用人群（通用、成人、中老年、儿童等）、品牌口碑（消费者反馈、产品评论、产品促销）等，并重新标注、筛选和整理有用的数据，来突出显示企业需要研究和解决的问题，如：核心产品的市场反馈如何，“朋克养生”新生代群体的消费变化是什么样的，上下游产业链的创新热点在哪里，等等，并基于这些问题为企业提供相应的图表和可视化工具，帮助企业更好地理解和解读数据，让企业制定出清晰的业务发展策略，通过实时的数据分析结果获得最新趋势信息，不断调整自己的投资策略和创新方向。

基于NetBase Quid这个功能强大的数据分析工具所具有的自然语言处理功能、AI技术以及数据可视化、语义网和大数据技术等，帮助该公司深入了解了自己品牌的受众和市场，并获得了有用的见解。

3.4 人群分析：在多样性用户画像中描绘理想型用户画像

“大明，男，31岁，已婚，月收入1万元以上，爱美食，团购达人，喜欢红酒配香烟，喜欢标榜自己爱运动，但又总没时间运动……”分析师文森特正在季度会议上分享用户画像。

用户画像又称用户角色，是一种勾画目标用户、联系用户诉求与设计方向的有效工具，在各领域中都有广泛应用。在实际操作过程中，企业往往会用浅显且贴近生活的语言将用户的属性、行为与期待连接起来。作为实际用户的虚拟代表，用户画像所形成的用户角色并不是脱离产品和市场构建出来的，他们需要有代表性，且能够代表产品的主要受众和目标群体。

但是，根据不同数据源分析出的用户画像之间往往存在着很多差异，而我们又习惯将这些用户画像强行放入同一个世界中来统一衡量，即便这些用户画像在每个世界中都是对的，最后也很难完全统一。这种现象便是营销界中普遍存在的“外祖母悖论”现象。借用“平行宇宙”理论来解释，每一个用户画像在每个数据源场景下都是单独成立并有效的，比如：通过电商数据源得出的分析结果可以应用在电商营销中；通过微博数据得出的结果可以用于微博运营；通过线上调查问卷得出的结果可以用于线下促销，等等。当然，营销能手们更想解决的是在一个统一场景下的用户画像问题。

3.4.1　了解受众画像的基础信息

20 世纪 60 年代，凯姆・帕雷尔曼将修辞学从“逻辑中心”转向“论辩中心”，掀起了一场修辞学由“非形式逻辑崛起”向“形式逻辑”发起的挑战，将修辞学家的分析重点重新引到“受众”本身。在帕雷尔曼看来，论辩是一种“非形式逻辑”，也就是一种维护日常活动正常运转所需的“逻辑”，而不是一种确证。确证是通过前提的正确性来证明结论的正确性，论辩则是将受众对前提的确信转移到结论上面，旨在影响受众的情感、意志、态度等，继而促使受众按照论辩者的意愿来采取行动。这也表明，之前通过理性逻辑来推演事实和真理的方法，现在已经转移到了集中说服上面，即运用社群和公众认定的事实和普遍能接受的意见来说服受众。这一点也点明了受众的特点，即针对某一事件的意见、观点、态度、决定等，都应该是论辩者十分在乎并试图加以影响的。根据受众的具体情况，论辩者再决定说什么和怎么说，以通过取悦、调节、顺应受众的策略，使自己要传达的内容与受众的兴趣与愿望相符合，最终达到论辩效果与目的。

“受众”原始的定义是“信息接纳者”，他们起源于古代体育比赛中的观众，以及早期公共戏院与音乐表演中的观众。这些观众非正式地聚集在一起，观看各种演出或比赛，或者参加各种宗教仪式。这时要进行用户画像，就相当于在物理空间范围内对受众进行观察和描述。

上述原始状态下的受众分析需求比较少，真正的受众分析起源于 15 世纪印刷品出现的时候。印刷品的出现，催生出了最早的大众媒介受众——阅读大众。他们具有一定的社会地位和阅读技能，因此也会通过购买各种印刷品读物来满足自身学习知识、娱乐消遣和提升修养等方面的需求。

发展到 19 世纪，新技术的发明使得印刷品的价格更加低廉，品类更加丰富，竞争也更加激烈。在这种情况下，大众媒体开始更多地关注对读者类别的划分，尤其是按照读者阶层、地位和教育程度等指标进行划分。这时的“受众”，更多是指大众传媒中的受众。

随着大众传媒向产业经营方向发展，市场话语权逐渐强势，大众受众被视为市场和消费者的观念也日益加剧。此时，传播者与受众之间的关系被逐渐简化为一种“计算”关系或“买卖”关系，媒体通过销售“受众”触达的方式来向广告商收费。变相来看，受众阅读的“免费”媒体内容，已经发展为一种媒介收费的商业模式。这也是营销人经常接触到的现代受众概念。

按照英国传媒学家丹尼斯·麦奎尔（Denis McQuail）的说法，受众是社会环境与特定媒介供应方式的产物。麦奎尔还将受众研究分为三类，分别为结构性受众研究、行为性受众研究和社会文化性受众研究。

其中，结构性受众研究是指对有关媒介使用数据和人口统计数据进行的综合分析，从中获得关于人口属性的信息，如性别、地域、年龄结构等。

行为性受众研究主要探讨媒介对受众的影响、受众选择媒介的动机，以及造成媒介满足的社会原因，如受众兴趣、偏好、关注点等。

社会文化性受众研究指不同媒介内容的受众通常由不同的

“解释团体”构成，其中的成员可以分享相同的话语形式和理解媒介意义的框架。通俗来说，这就是社交关系属性，如社群、关系、圈子等。

3.4.2 多元用户画像带来用户表现多样性

交互设计之父艾伦·库珀（Alan Coope）在 1998 年出版的《软件创新之路》一书中，最早提出了“用户画像”（persona）的概念：用户画像是从真实的用户行为中提炼出来的一些特征属性并形成用户模型，它们代表了不同用户类型及其所具有的相似态度或行为。这些画像就是虚拟的用户形象。

用户画像的出现，极大地解决了之前媒体受众存在的一个致命问题：与古代的“受众”相比，现代的“媒体受众”具有人数众多、规模较大的特点，在空间分布上呈现出非集中化的特征。这带来的好处就是企业产品的受众指数获得了增长，但这种“受众”并不都是“信息接纳者”，甚至随着受众指数的增长，他们成为“信息接纳者”的比例还会逐渐降低。

对于媒体来说，它们不会把现实世界中的真实故事复制出来，而是将真实的故事以某种方式进行加工，从而“制造”一个媒介中的“现实”：“现实不能再被简单地认定为只是给定的事实，而是构建事实的某种特别方式的结果。”正由于这些原因，早在十多年前，受众分析更多地从传播媒体角度来进行意图构想，通过对受众画像的描绘，分析从“受众”到“接纳者”的过程中哪一种组合更优、转化率更高，以获得更好的“鼓动、说服、传道”效果。

从这个角度来说，媒体“受众”约等于“接纳者”，并最终影响受众，形成用户行为。目前，互联网技术可以更好地反馈用户的行为轨迹，为此，我们也可以直接对受众进行用户画像，将不同的用户角色中具有相同特征的人员划分出来，作为一种具有代表性的受众群体。在这些群体当中，每个群体内都有相同或相似的消费行为，对待某一品牌、某些产品或服务也会体现出类似的态度。因此，用户画像所描述的也是不同客户群体最显著的差异化特点。

最初，用户画像只是建立在少量用户的行为数据基础之上的，而随着数据技术的发展，作为调研对象的用户数量不断增加，用户画像也开始经常与市场细分相结合，代表某一个细分市场的典型客户，帮助企业或政府与用户进行有效沟通，更好地理解用户行为和用户诉求。

伴随着大数据技术的发展，大数据消费者画像应运而生。所谓“消费者画像”，就是基于已知事实或数据整理出的每一个消费者/用户/客户的相对完整的档案，其中包含与消费者有关的大量的数字、百分比、平均值、标准偏差、统计比较等。由于每一个抽象出来的用户特征都会以一个相应的标签来表示，因此，消费者画像也常被看作是关于用户信息的标签化结果或各种标签的集合。大数据消费者画像带给我们的不是一个具象的人物类型，而是关于所有对象不同类型的数据所呈现出来的总体特征的集合。

根据大数据的计算结果，消费者的各种特征与轨迹会被打上相应的标签，再归入特定的情景之中。这些特征串联起来，就构成了精确化的数据，便于企业制定营销战略时参考。

用户画像数据维度的划分方法一般会根据企业的使用目的而不同，一个典型的消费者画像通常会包含以下这些维度。根据不同的划分角度，这些维度也会有重叠的部分：

（1）人口学特征，如性别、年龄范围、收入、家庭状况、所属行业等。

（2）生活方式特征，如消费特征，包括消费状况、购买力、消费地点偏好等；还包括美食偏好、教育选择、设备使用偏好特征等。

（3）线上行为特征，如上网行为特征，包括网站浏览行为、邮件使用、搜索行为特征等，还包括 App 的类型选择和使用特征。

（4）线下行为特征，包括地理位置移动信息，如出行规律、商圈级别、差旅习惯等；还包括休闲行为，如旅行目的地、酒店选择偏好等。

（5）社交行为特征，如社交人群、社交习惯（包括线上、线下的习惯）等。

以上这些多元化的用户画像，会带来用户表现的多样性。

企业根据这些数据信息，可以制定出对应的营销策略。

3.4.3 广告营销塑造理想中的用户画像

随着计算机技术的发展，结构性、行为性和社会文化性都被逐渐转化为数字化和数据化，这也使受众研究可以直接从媒体的意象转为更加贴近的场景描述。它的优势在于，人们可以通过研究媒体特性来判断信息接纳者的片段、情境、场景等。而计算机带来的用户画像标签化，也使得场景拥有更直观的研究体现。但它也有不足，就是当一大堆用户画像摆在我们面前时，我们可能会迷失方向。因为从本质上来说，这些画像只是观察角度和立场不同，分析的数据源不同，却没有错误。尽管这些社会画像有矛盾之处，容易令人迷茫，但这不是一个人的迷茫，是整个社会普遍存在的一种迷茫。

凯姆·帕雷尔曼曾指出，受众是论辩者的一种心智构建，论辩者可以根据自己对语境、目的等各种因素的考虑而“虚构”受众。在修辞中研究受众，与社会学家研究受众是不同的，它带有更多的功利性，需要以任务为目标，在心中构想出一个自认为最接近真实状况的“受众”，并据此确定自己的策略、内容、结构和风格。这就解释了为什么说修辞中的受众是被系统化构筑的，与纯粹意义上的受众真相和事实全貌推导还是存在差别的。同时，这也决定了在受众构筑过程中，既需要重点考虑受众的心理因素，也要考虑社会因素，要全方位地进行比较和权衡各种方法的优点和缺点。

进行修辞受众分析的核心目的是为了说服，如同营销传播的目的是为了让受众接受观点，继而采取行动一样。为了达到这个目的，凯姆·帕雷尔曼还进一步阐释了虚构受众其实是由不同类型或不同群体的人组成的，论辩者可以将这个复杂的群体说服对象想象为超越类别差异的“普世受众”来加以说服，但其实这些受众面对的通常都是自己的独特经历和思想感情，属于由某一特定社群人构成的“特定受众”。只是一旦论辩者表示自己在向“普遍”而非“特定”受众提出自己的论辩时，就意味着论辩者提出的论点和论据不仅要面对具体、特定的受众，还要在面对任何理性的、通情达理的人时都能站得住脚，所以也需要他们的论点和论据具有普遍性，在任何情况下都能起到说服作用。基于这些理性的虚拟化的“普遍受众”，才会认为营销传播的观点是不证自明的。

在经济学中，理性人也叫经济人，通常指的是“合乎理性的人”的一种假设。简单来说，它是在经济社会中从事经济活动的所有人的基本特征的一般性的抽象，其特征是每一个从事经济活动的人都是利己的。或者说，每一个从事经济活动的人所采取的经济行为都是力图用自己的最小经济代价获取最大经济利益。而“普遍受众”中选定的特定理性人群，如果应用得当，符合普适性和客观性，可以含蓄地向受众施压，暗示自己的主张和做法是明智的、正确的，那么就可以使任何受众在表达自己的异议之前都会有所顾虑，担心别人将自己看成是不明事理的人，最终迫使真正的受众也接受特定理性人群的观点。

任何企业在制定营销策略过程中，都需要结合宏观分析和竞争分析，并以此为目标，从普遍受众当中挑选出自己需要锁定的理性人群，以他们为原型进行“虚拟受众”的心智构建，通过理性人群输出的观点和论据来带动非理性人群，从而实现从“知”到“行”的飞跃，最终形成行动意向。

美国营销专家艾·里斯和杰克·特劳特提出的“定位理论”，就是对以上方法的诠释。它通过对行业趋势进行判断，再结合自身能力和竞争态势，最终形成企业的竞争点，然后从“普遍受众”的角度出发，使这些竞争点形成所谓的观点，再传播给用户。正是通过这种方式，定位理论才将分析的连贯性通过构建发现、选择和构建人群心智这一系列的操作联系起来。

在中文语境中，有一个贬义词叫“乌合之众”。它的原意是像乌鸦一样聚集在一起的人，也比喻杂凑在一起的毫无组织纪律的人群。在法国社会心理学家古斯塔夫·勒庞（Gustave Le Bon）的心理学著作《乌合之众：大众心理研究》一书中，“乌合之众”被用于描述“群体”（the crowd）。勒庞所定义的“乌合之众”不是简单聚集的一群人，而是具有共同感受、共同观念的一个群体。在乌合之众内部，单个人可能智商很高，为人理性，有着鲜明的观点和个性化特征；而一旦这些人聚集在一起，或者融入一个群体内，他们的所有个性都会被群体所淹没，个体思想也会被群体思想所取代。具有这些特点的一群人，可能造成巨大的破坏，也有可能创造伟大的成就。

基于此，我们可以得出这样的结论：对于人群个体和群体所表现出来的不同状态，可以从个体角度（理性人）去观测，但要以群体状态（乌合之众）为依据；个体是很难改变的，但群体是有可操作空间的。因为在群体当中，个体理性已经被淡化，失去了独立判断的能力，更多地体现出群体性特征。

这就为修辞学需要从分析中获得策略推导提供了前提思路。经济分析后推导出来的是经济政策，并由此产生经济效益；战略管理分析推动企业经营策略，从而产生企业利润。而营销传播分析中需要获得的营销策略，应该是符合企业自身发展和当时宏观环境双重目标的具有普遍意义的论点和论据，也就是一种可以影响群体的信息。

在如今互联网技术飞速发展的情况下，信息传播模式也发生了巨大变化。它不再是一种点对面的传播模式，而是变成了网状传播模式，信息生产者与受众之间的身份会互相变化和彼此影响。在这种情况下，就会出现更多的理性受众，每一个受众的个体特性、自我意识、主动性，以及他们自己的思考能力等，都将决定他们在传播过程中会输出什么样的价值。

此前我们认为，营销策略在很大程度上是属于感性层面和艺术层面的事情，我们只需要影响虚拟化普遍受众中被认为是理性的群体，就能影响受众。但是，当理性受众不断增多时，我们就很难相信一个不加以分析的所谓普遍价值观可以真正影响受众。所以，信息之多，受众类型之复杂，决策周期之短，都决定了我们要将 AI 技术引入广告行业，通过 AI 的方式来进行从分析到策略的产出，从而更加有针对性地影响理性受众，帮助广告营销实现精准投放。

3.4.4 案例：营销心理学专家 IBM 超级计算机露西

露西不但可以担任市场调研和分析领域的专家角色，还可以担任心理学专家的角色。将“品牌人格模型”这种心理学知识输入系统之后，露西便可以将其应用到市场营销领域，来分析潜在消费者的共同特征。这时，露西会从社交媒体渠道来获得相应的品牌信息，对数以万计的推文（如：消费者品牌体验反馈、产品评价、消费体验等）进行文本情感分析，再提取总结，并识别出符合该心理特征的人，再根据具体属性对他们进行人格模型分类，最后将他们分成可以接受不同促销信息的群组。

品牌专家珍妮弗·阿科尔（Jennifer Aaker）曾提出“品牌人格模型”的概念，她根据人格的底层属性将人格分为 12 种模型，并将这 12 种人格分为四个类别，每个类别的人格都代表了一组类似的人格特质和价值主张（见图 3－14）：

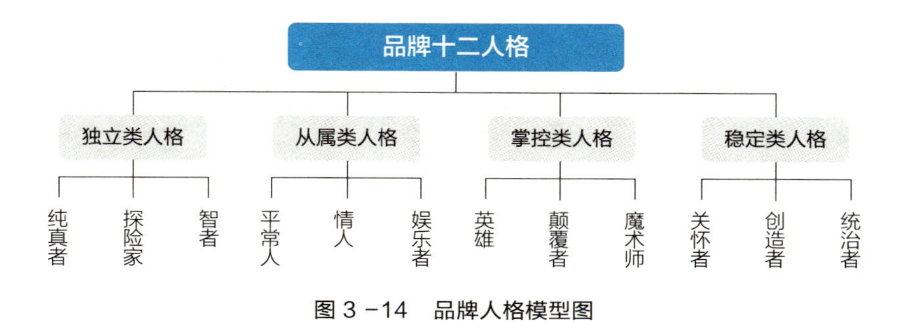

图 3－14　品牌人格模型图

根据不同类别人格所代表的人格特征和价值主张，品牌就能塑造自己的形象，与受众建立情感联系。

比如，掌控类人格中“魔术师”这一人格的特征是神秘、诱惑、创造、神奇，其价值主张为神秘、创造、超凡、奇迹。而露西在将特斯拉的购买人群定义为“魔术师”人格后，就详细地分析了这一人群普遍存在的特点：

（1）高度参与：他们通常会积极参与品牌或产品的社交媒体活动、促销活动和竞赛等，并给予品牌和产品大量的曝光和关注。

（2）忠诚度高：他们对品牌或产品非常忠诚，经常购买和推荐品牌或产品，是品牌和产品的忠实粉丝。

（3）影响力强：他们的行为和观点会对其他人的购买决策产生较大影响力，是品牌和产品在社交媒体上的重要传播者。

根据这一人群的特征和价值主张，露西便能够帮助品牌对这些信息进行创意指导和媒体投放，从而制定出更加精准的数字营销策略。

由此可见，品牌人格模型可以帮助品牌根据自己的特点和目标受众的喜好，选择合适的人格类型。当用户缺少而又渴望这种人格特性时，他们就会通过消费或拥有产品来获取这些特性。而 AIGC 技术的出现，还可以更加精准地分析和应用数据，全方位地塑造品牌人格。其主要内容包括：

（1）品牌人格识别：分析大量的数据来源，包括品牌历史、产品描述、市场定位等，识别品牌的人格特质。

（2）受众分析：对品牌受众进行深度分析，包括受众的兴趣、行为、购买偏好等，从而更好地了解受众，优化品牌人格。

（3）品牌声誉管理：监测品牌在社交媒体等渠道上的口碑和评价，并进行情感分析，及时发现和应对负面评论，维护品牌声誉。

（4）故事营销：分析品牌的历史和传承，挖掘品牌故事，进而用故事来塑造品牌形象和人格，吸引消费者的注意力和认同感。

（5）反馈分析：分析消费者对品牌的反馈和建议，及时做出调整和优化，以便更好地满足消费者需求，提升品牌的认知度和忠诚度。

AIGC

广告营销新引擎

第 4 章
洞察模块：探究广告营销洞察机理

洞察成为一种超越表象的智慧，揭示了人们心灵的共鸣与情景环境互动中的冲突。通过观察数据的线索和探究心理的复杂性，披露广告与人类之间的互动机制。通过了解广告营销洞察机理，我们能够拓展思维的边界，洞悉消费者的真实需求，使广告与消费者达成情感共鸣。

时间：1918 年 4 月 10 日

地点：纽约布鲁克林

人物：广告公司市场调研员 杰弗森

每个周三，杰弗森都会西装革履、神采飞扬地去纽约布鲁克林的每个街区走访，尽可能挨家挨户地询问：“这位太太您早，我们想了解一下您的婚姻是否幸福？您介意您的丈夫抽烟吗？您会在什么情况下购买贵出 5 美元的啤酒？您对现在市面上通心粉的口感是否满意？……”

20 世纪初的智威汤逊是世界上第一家拥有调研部门的公司。他们首先尝试引入人口统计学的概念，对用户进行调研，之后形成研究报告及营销企划的蓝本。他们还在各大城市设立研究组，这些调研组中有大量的业务人员会像杰弗森一样，挨家挨户地去拜访、调查消费者家庭用品的情形，了解消费者的渴望，洞察消费者的真实需求。

杰弗森在经过一番调查后，发现有个问题无法解释，就是即食通心粉项目。这是过去三个月一直在进行的一个调研项目，而在市场调研的过程中，他们获得了一个非常有意思的发现：家庭主妇们在烹饪即食通心粉时，都会加上一点洋葱。于是，调研团队便将这个“有意思”的发现反馈给通心粉厂商。体贴的通心粉厂家发明了一款新产品，在即食通心粉的调料包里为消费者放上一些洋葱。然而新产品上市后，销售数据并不乐观。于是，杰弗森等市场研究人员便不得不继续调研，来合力寻找这个令人“困惑”的问题的答案。

其实，这里面隐藏了一个关于人性的洞察：介于当时的社会背景，家庭主妇们在为家人准备饭菜时，时常会因为自己没有精心准备、没有尽到家庭主妇的职责而产生内疚感。为了消除这种内疚感，她们在烹煮通心粉时就会额外加入一点洋葱，表明这顿饭是自己精心准备的，自己不是一个偷懒的、不称职的家庭主妇。所以，她们在购买即食通心粉时，即便市面上有含洋葱蔬菜包的通心粉，她们也仍然会选择没有添加洋葱的通心粉。

无独有偶，关于这种“负罪感”的洞察，在另外一个营销案例中也出现了。

在西方社会，速溶咖啡可谓是一个划时代的发明。它区别于繁复的传统咖啡现磨方式，使咖啡可以即冲即饮，因此速溶咖啡一开始的利益诉求就是便利，随时随地都可以很方便地冲泡和引用。但是，刚开始时，速溶咖啡的销售效果并不理想。

调研人员通过大量的消费者调查走访，终于发现，当时的美国妇女存在一个共识：作为家庭主妇，担负繁重的家务劳动是一种“天职”，任何企图逃避或减轻这种劳动的行为都应该遭到谴责。而速溶咖啡之所以受到冷落，并不是因为它不好，而是因为它让家庭主妇们省去了研磨咖啡的步骤。家庭主妇们担心给家人冲泡速溶咖啡会被人非议，认为自己想偷懒，不想尽该尽的责任。她们想要努力保持自己的“完美”形象，所以拒绝购买速溶咖啡。

在咖啡营销上，雀巢公司就抓住这个“洞察”，改变了诉求，不再卖咖啡的便利性，而是改为卖咖啡的纯度，强调良好的口感，芬芳浓郁的醇香，从而打开了速溶咖啡市场。

以上两个案例都说明，在营销产品时，一定要洞悉消费者的真正需求。否则，产品再好、再便利，消费者也不见得会买单。

4.1 广告营销中的洞察

在广告行业内，被提及最多的一个词是“品牌”，其次就是“洞察”。在今天的广告圈内，恪守品牌之道的广告公司已逐渐被技术流的媒体投放公司挤到了圈子的边缘。但是，唯有“洞察”可以让广告人区别于数据人和技术人，因为数据分析师无论怎样研究那些让人摸不到着头脑的“抽象和模糊”的消费者行为，也想不通消费者洞察为什么不去解读大众现象，而是要看少数人的行为。

在词典中，“洞察”（Insight）一词的基本解释为“看穿，观察得很透彻，发现内在的内容或意义”等。洞察与观察不是一回事，即使是依仗现在的大数据技术进行细致入微地观察，也不能称之为洞察，只是可以更好地获得洞察。因为观察只是记录人们日常所做的和所说的，是停留在纯粹的数据层面；而洞察则是回答人们为什么会这样做。

在营销活动中，营销人经常会说观察而不是洞察。而事实上，观察只是对消费者行为的一种记录，洞察才能真正透过消费者表现出来的种种行为，分析其行为背后的心理需求。比如，有专家研究表明，近年来美国城市妇女离婚率逐年攀升。从观察角度来说，这只是在描述一个客观的现象，其背后的“洞察”应该是“城市妇女独立自主、追求自由的能力在不断提升”。

当然，消费者的心理需求并不那么容易看透，并且它还需要具备一定的普遍性，以作为迫使大多数人“就范”的修辞学杠杆。这种心理需求背后所体现出来的，其实就是人性。

4.1.1 洞察背后的心理需求——人性

现代社会学家研究发现，人性是进化的结果，人性中天然存在着对生存的渴望、对胜利的渴望、对帮助同类的冲动，以及对于在同类间自己地位的关心等。从人脑的结构来看，这些都会直接对大脑的前额叶产生影响，使人受到出生后的记忆和周围事物的影响。总的来说，人性的起点就是人的原始本能，而状态的形成则是由与外界环境的冲突表现出来的。

人类在进化过程中，需要面对和解决各种各样的问题，这也必然会对其活动路径产生重要影响，因此，人类的内心活动绝不会是自由的、盲目的。内心活动只有兼顾社会生活规律，才能更好地解决问题。但是，我们当前所生活的社会环境复杂且易变，要将其判定为恒久不变的状态是不可能的。而社会生活也必然会作用于人类，所有人都会与社会生活产生复杂的关联。在这种情况下，人们无法彻底看穿某个人心中隐藏的秘密，对其内心有透彻的了解。

阿德勒认为，人性是人的原始诉求。由于环境的不断变化，我们又需要满足这种诉求，这使得不同的诉求可以支配我们不同的行为。这样，我们在诉求的过程中，才会形成一个具备多种行为习惯的综合体。而理解一个人的诉求的过程，就是洞察人性。

比如说，我们平时在谈到“中年危机”这件事时，就带有一定的内在诉求。在自然环境下，人超过 40 岁时，身体各方面的机能会逐渐衰退，在原始社会，这个年龄段的人是会被部落淘汰的。而在今天，由于社会保障环境发生了变化，很多中年人都觉得自己正处于人生的黄金时期。但是从身体机能来说，中年处于身体逐渐衰退的时期，所以大家内心深处对中年危机的问题还是十分关注的。

想要在营销中获取洞察，透过现象看到事物的本质，是一件比较抽象的事情，需要依据“冲突”原则来寻找一个有效的路径。在营销学中，冲突主要体现为买卖双方的需求不对等和不匹配，这时买卖双方的矛盾就产生了。但这也是商机产生的源头。所以，冲突本质上就是不被满足的消费需求。想满足这些消费需求，我们就要善于洞察隐藏在本源诉求与环境冲突背后的人性心理。

那么，为什么营销要挖掘人的深层次的心理行为呢？

这就要回到营销修辞学的目的本源——说服——进而引发行动。我们知道，每个人从种种经历中归纳出来的经验，都要与他自己的行为模式相符，而他也断然不会去改变这种模式。据此，我们可以推断出：认识、改变自己的行为是人类面临的最困难的事。但这也不是说人类行为就无法改变，只要将社会生活规律当作世界上仅有的绝对真理，相信对人类能力、制度受限引发的种种问题，并坚决地解决，就能逐渐缩小与绝对真理的距离。用这种绝对真理不断影响人类，便可以起到改变其行为的作用。因为心灵是人类一切行为目标的源泉，心灵也是种类多样的行动力的综合体，而不是静止不动的整体。所以，上述目标其实是以绝对真理为衡量目标，与自身的外部环境相适应。

一般来说，人们在确立目标时，都会以某个确定的点为依据，这个点可能并不是真实存在的，而是人们虚构出来的。人们假设有这样一个点，调动一切资源和能力来具体化这种假设。这与其他学科做出的假设十分相似，比如人类为时间约定了时、分、秒，借助极具实用价值但并不真实存在的钟表来表现。这样一来，这个目标就为价值赋予了个人感觉，并整理个人情感，刺激个人想象，乃至使人的行为方式主动发生变化。当群体中发生变化的人越来越多时，这个群体的行为就会被贴上潮流、趋势、方向的标签，进而迫使更多的人就范，由此，绝对真理的普遍性便加深了。

4.1.2 洞察是优秀广告的基础

洞察，是广告或品牌与消费者建立关联的基础。优秀的品牌从不缺乏对消费者的洞察，一旦缺乏关键的消费者洞察，做出来的广告必然空洞无力，甚至可能对品牌造成难以弥补的伤害，这种伤害是不能通过媒体的补量来进行修复的。这就要求企业在做广告时，一定要将消费者与特有的品牌气质、独特的产品特性完美地融合起来。

美国作家艾美·E. 赫曼（Amy E. Herman）在《洞察》一书中描述艺术课程时，总结了 4A 原则，即评价（Assess）、分析（Analyze）、清晰表达（Articulate）和适应性（Adapt）。同时，她进一步描述到：

"从评估一个新场景开始，通过学习视力以及生来固有的盲区的构成开始，我们收集了所有信息之后，我们学习如何处理这些信息，如何分析我们已发现的东西，包括区分优先次序、识别图形以及洞察和推理之间的区别。我们的发现和认知，如果我们不能够表达出来，那就没有什么用。所以，接下来，我们要去解决如何精确表达自己发现的问题。最后，基于以上的评价、分析与清晰表达，去寻求适应我们行为的变化……”

BBDO 前首席创意官菲尔·杜森伯里（Phil Dusenberry）在他的《洞见远胜创意》一书中，还提出了 RAISE 模型，包括调研（Research）、分析（Analysis）、洞见（Insight）、策略（Strategy）和执行（Execution）。

如果将 4A 原则与 RAISE 模型进行对比，就会发现，洞察的完整意图需要通过两部分的结合来充分贯彻，即将理解事物本质的能力和采取行动的能力相结合。

在营销策划中，洞察起到的是承上启下的作用，因为这洞察既需要凝练综合信息评估、调研和分析的总结，也需要提炼出清晰的观点来表达，以便做出修辞说服行为。如果只是单纯地获取数据、信息，甚至挖掘知识，获得的更多的只是观察，很难获得洞察。

这可能让一些人感到困惑：为什么我们已经收集到那么多的资料和信息，却仍然与洞察失之交臂呢？原因在于，那些资料和信息其实都是经验主义，包括中值、标准差、回归平均数等，但它们本身并不具备判断力。相比之下，洞察应该是生动的，与个体生活联系紧密。这需要我们真正了解消费者的目的和诉求。从研究个体行为开始，再去探索其共通性，而不是去描述一般意义上抽象的消费者。在洞察过程中，还必须记住有效的信息及个体表现出来的特征，因为信息的联系都是非常个性化的，没有完全针对大众群体的联系。想要对群体产生影响，就必须通过集中个别的消费者洞察来实现。

因此，在广告营销中，只有将调研分析和个体特性及心理活动分析进行结合，才能获得名为“洞察”的产物；也只有基于这些洞察来与个体沟通，才能获得消费者个体行为的根本动机。

4.2 通过多个用户画像分析和寻找洞察点

培恩国际公关公司 Insight 工具的首席策略长蒋奥德以前经常对我说：“从观察转化为洞察的技巧，在于了解需求背后的各种信息。所以在开始阶段，可以让客户谈谈自己的情况，营造一种舒适友好的气氛，然后观察到一些线索之后，再试着提出一些尖锐的问题，比如让客户说说自己在哪些方面与友商相比存在劣势。这么做的目的并不是让他们提供解决办法，只是想要了解影响他们的问题最深层次的那个点是什么。”

可能是由于有做过十多年记者的经历和专业素养，他总是能巧妙地给客户“施压”，以获得更多的信息。而他的方法之所以奏效，就是因为他可以通过与核心人物的沟通，对线索进行层层剖析，比如通过连环式地问三个“为什么”的方式，对线索进行深刻评价和多角度解析。

但是今天，这种连环发问可以交由大数据技术来完成。大数据通过抓取微博、人人网及各种论坛上的数据，可以获取消费者对品牌、产品的即时看法和态度。当然，消费者表现出来的种种行为总有其原因，在这些原因中，有些是消费者愿意主动说的，多数是表面原因。而隐藏在消费者潜意识中，他们说不出来或不愿意说的原因，才是驱动他们行为的主要因素。这就是大数据洞察，也是品牌与消费者建立“有意义”关系所不可或缺的一个环节。绝大部分的洞察都不是来自量化的研究数据和书面研究报告，而是来自于与消费者进行的直接、深度的接触，比如街头暗访、消费者行为观察、与目标人群的谈话等。这些方法更加原始、更接地气，也更有效，是一串串冰冷的数据符号、人群标签等所不能替代的。

大数据的本质是人，数据研究的极点就是莫测的人性，莫测也许就意味着盲点。数据的确定性和人性的不确定性，或许就是未来平衡人类行为的天平两端的砝码。虽然大数据的信息和知识不能完全取代对于人性的洞察，但却可以改变市场营销人员用几个星期做一个创意的工作节奏。大数据基于实时数据挖掘技术推动我们创造与热点相关的内容，而营销传播可以根据实时反馈不断涌现创意。而延展哪个话题的创意，则是由从社交大数据中挖掘出来的最热门的话题来决定。内容的创造也是“5W”传播中最重要的“说什么”，它一直都是市场营销核心的竞争力。因此，在大数据的浪潮中，我们必须学会如何快速合理地使用大数据这个非常好用的工具去触达目标人群，并通过智能化的方式将这些信息传递给用户，以加深同消费者之间的情感。

此前，数据更多集中在外部行为监控上，不论是网络购买行为，还是网上社交行为，都是用户在“远距离”提供数据。即使这样，我们仍然没有运用好这些数据。而随着可穿戴设备的出现，数据和人将真正融为一体。类似谷歌眼镜这样的设备，将让我们看到的东西即时数据化；类似健康手环类设备和可以深度收集脑电波数据的设备，将随时把人体的活动转化成数据。目前，记录睡眠状况的设备还处于初步应用阶段，但在不远的未来，用数据记录我们每一分钟、一秒钟的生活也将成为可能。当万物皆数据的时刻到来，商业发展的更多新机会也将出现，数据将帮助我们更好地做判断，比如什么时候应该吃饭、什么时候应该睡觉、什么时候记忆力最好等，这些都能通过数据来进行预测。甚至在记录了足够多的数据之后，数据还可能会告诉我们此时此刻应该做些什么，以及做这些事情的最佳策略是什么。

纯粹的精准洞察是可遇而不可求的，在洞察的过程中，我们可以选用很多不同的方法。有些方法可能单纯依赖定量因素，比如在线调查，但所有决定和假设都要由人做出，人为的判断必然会存在潜在的偏差。只有认识到假设对预测的影响，并从自身寻找问题，才能使方法更加有效。我们处于意识取向和行为倾向之间，在纷繁的数据中理顺客观事实，这是十分困难的，所以必须随着事实和环境的改变，基于洞察形成数据工作流程链条，找到需要沟通的流程节点和在这些节点上的人，再提出一些假设性的问题，试着从不同视角寻找答案。

这是一个在现实营销场景下普遍存在的问题，不同的数据源也会分析出各种各样的用户画像，并且彼此间还存在不少的差异。我们需要将这些画像强行放在一个世界中来统一衡量，即使这些用户画像在每个环境下都是对的，也有可能使我们得出不同的结论。但是，这恰恰是我们通过多个用户画像分析和寻找洞察点的机会。

4.2.1 运用大五人格理论进行心理营销

2015 年，剑桥分析公司与剑桥大学心理测量中心的心理学研究员亚历山大·科根（Aleksandr Kogan）博士共同研发出一款名为“这就是你的数字生活”的脸谱网应用程序，这个应用程序的运行采取的是在线个性化测试的形式。通过这一应用程序，剑桥分析公司让用户回答一系列问题，从而收集用户的个人信息和偏好，同时获取了用户及其朋友的大量数据。利用这些数据，剑桥分析公司建立了一个预测模型，用于预测用户的人格特征、个人偏好等，从而进行有针对性的广告投放。

基于获取的这些数据，剑桥分析公司又根据人的五大性格特征对用户进行分类，分为外向性、宜人性、责任心、神经质和开放性（见图 4-1）五大特质，从而建立目标人群的心态概况。这就是著名的“大五人格理论”。

因素	低分		高分
外向性	孤独、不合群 缄默 被动 安静	»	喜欢参加集体活动 健谈 主动 热情
宜人性	多疑 刻薄 无情 易怒	»	信任 宽容 心软 好脾气
责任心	马虎 懒惰 杂乱无章 不守时	»	认真 勤奋 井井有条 守时
神经质	冷静 镇定 自在 感情淡漠	»	自寻烦恼 神经质 害羞 感情用事
开放性	刻板 创造性差 遵守习俗 缺乏好奇心	»	富于想象 创造性强 标新立异 有好奇心

图 4－1　大五人格理论图

大五人格理论是一种广泛使用的心理学理论，这些维度描述了个体在认知、情感和行为方面的特征和偏好，对于市场营销和消费者行为的分析有广泛的应用价值。

接下来，我们就详细了解一下人的五大性格特质对营销活动所产生的影响。

（1）外向性

具有外向性特质的人，通常喜欢社交和表达自己，具有较高的活跃度和沟通能力。在营销活动中，这类人更容易被那些互动性强、有趣且引人入胜的广告所吸引。因此，营销人员可以通过社交媒体、线上活动或富有创意的广告形式来吸引这一群体。

如果利用AI技术进行社交媒体分析的话，可以更好地了解用户在社交媒体上的兴趣爱好和参与度，从而制定更加精准的社交媒体营销策略。

（2）宜人性

具有宜人性特质的人，在社交活动中会表现出温和、合作、同情、信任、谦逊等特点。在营销活动中，有宜人性倾向的人更容易受到他人的影响，容易被他人的意见所左右或说服。因此，当营销人员与有宜人性倾向的消费者沟通时，应该强调产品的社会价值。此外，与他人一起分享产品的乐趣和满足感，也可以增强有宜人性倾向的消费者的购买欲望。

基于用户的历史数据和行为分析，AI可以分析出消费者的消费偏好，以及他们在社交活动中所表现出来的特点。

（3）责任心

责任心强的人通常非常可靠和自律，能够信守承诺并勇于承担责任。在营销活动中，这类用户更容易被那些承诺质量和可靠性的产品或服务所吸引。因此，营销人员可以通过强调产品的高品质和长期保修等方式来吸引这一用户群体。

利用 AI 技术对用户进行情感分析，分析用户在社交媒体上对品牌或产品的评价和反馈，可以及时发现并解决问题，提高用户的满意度和忠诚度。

（4）神经质

神经质是指个体的情感不稳定，具有易怒、焦虑、不安、自我怀疑等特点。在营销活动中，有神经质倾向的用户更容易被负面情绪所影响，更容易感受到不安和压力，因此，营销人员应该多向他们强调产品的安全性和稳定性，以减轻用户的焦虑和不安。

AI 技术可以通过情感分析算法，分析这类用户的情绪变化，并为其提供个性化的营销策略和服务。

（5）开放性

拥有开放性的人通常具有强烈的探索和创新欲望，喜欢尝试新鲜事物，体验新鲜刺激的感觉。在营销活动中，开放性人群更容易接受新颖的产品和创意，因此，营销人员可以针对这一特征推出更加独特和具有创新性的营销策略。比如，通过社交媒体或个性化广告等方式向开放性人群推荐新兴的产品或服务。

利用 AI 技术，也可以根据开放性用户的浏览历史和兴趣偏好，为他们推荐更加符合其开放性特征的产品或服务。

根据以上信息，广告营销人员可以将人口统计数据与心理数据结合起来，制定更有针对性的营销策略，并增加能影响决策的机会。若营销人员想要销售一款纯素蛋白棒，在脸谱网上针对运动员和健身爱好者发布广告也许会有一些效果，但通过进一步的用户细化，将产品推销给那些有着强烈健康意识的素食主义者，或者推销给那些不爱吃含糖能量棒的人，效果将会更好。

在一个以“点击”为主的经济环境中，不管是在线发布产品、服务，还是发布内容，广告与“购买”或“转换”之间的间隔往往只有几秒钟。在这期间，每一个杠杆都会发挥作用。而运用大五人格理论洞察用户需求，对用户进行心理营销，可以有效地提高产品或服务营销转化率。

4.2.2 用户都是双子座：感性直觉和理性决策

科学家研究发现，人类大脑中负责计划的部分，需要通过大脑边缘系统获取快速且准确的信息来了解世界，从而更加理性地处理问题。这也说明，个体行为有时看起来是由意愿决定的，而实际上根本的决定因素是生理机制。

1975年，两位心理学家指出，人类有两类思维模式是与生俱来的。他们将人类大脑中快速且无意识的思考方式命名为“自动激活”（Automatic Activation），并称之为系统I（Impulsive，情感驱动型），是一种无意识的思考系统。同时，把那种速度稍慢、深思熟虑的思考方式命名为“意识加工”（Conscious Processing），称之为系统R（Reflective，深思熟虑型），这是一种有意识的思考系统，理性、富有逻辑，且喜欢质疑。

美国心理学家丹尼尔·卡尼曼（Daniel Kahneman）在《思

考，快与慢》一书中，形象地把以上两个系统称为系统 1 和系统 2，更便于大家接受。其中，系统 1 的运行是无意识且快速的，完全处于自主控制状态，无法关闭；系统 2 则需要将注意力转移到需要耗费些脑力的活动上来，其运行通常与行为、选择和专注等主观体验相关联。说得直白一些，系统 1 就是一种感性直觉，系统 2 则是一种理性决策。

研究表明，在大部分时间里，人类大脑中都是系统 1——感性直觉，在发挥作用。除非系统 1 遭遇挫折，系统 2 才会出面解决问题。因为从大脑消耗能力来看，系统 2 的消耗能力要大于系统 1，所以通过两者的分工合作，才可以实现“代价小，效果好”的目标。而一旦系统 2 遭到了破坏，原来的分工机制被打破，原本做事有条不紊的人就可能出现混乱。

理解了这套机制后，我们也就不难理解，为什么营销广告中的感性内容通常比理性信息更加具有传播感染力，就因为人的大脑更愿意接收直观感性的东西，即使是在低关注状态下，大脑也依然可以接收到感性的信息。而接收和处理理性信息需要消耗更多的大脑能量，所以大脑会自动地将接收到的理性信息过滤掉。基于此，营销人员可以通过设计更加感性的广告和产品展示激活消费者的系统 1，进而提高品牌知名度和销售额。

例如，可口可乐就是一个善于运用营销技巧的品牌，它的广告一直都很注重情感和直觉的渲染，希望能引起消费者的共鸣。在可口可乐的广告中，我们经常会看到“开心就喝可口可乐”

的广告语，这不仅能吸引消费者的注意力，还能在他们内心深处留下美好的情感回忆，从而促进销售。

作为奢侈品行业的代表，爱马仕一直在产品包装和店铺设计方面追求极致的品质和视觉体验，以提升消费者的视觉和感官感受。比如，爱马仕的产品包装以高贵、精致和奢华为主题，试图在消费者心中留下深刻的印象，提高品牌的价值和忠诚度。而在店铺设计方面也非常注重消费者的情感和直觉，以提高消费者的购买欲望和满意度。这种细致入微的设计和服务既能让消费者获得愉悦的购物体验，更能增强品牌的影响力和号召力。

《问责时代的市场营销》中有一个调查表明：理性与感性的比较表明，感性广告活动的效益是理性诉求的两倍。因此，在分析受众时，我们需要找到那些具有普遍性观点的理性受众，并假设他们可以被普遍性观点所影响。然而，更深层次的洞察则需要深入分析特定受众的心理因素，以揭示能够触动其内在驱动力的弱点。因此，洞察不仅仅是理性数据与感性诉求之间的桥梁，更是一种理性科学与感性创意相结合的必然趋势。将系统 1 和系统 2 结合起来，不但可以激发消费者的情感反应，还能建立消费者对品牌的认知和价值。

Nike 就是一个典型的将系统 1 和系统 2 结合在一起的品牌。Nike 的广告和品牌形象通常基于系统 1 反应，强调情感、动机和品牌价值，而 Nike 的产品设计和技术非常注重系统 2 反应，以吸引注重细节和性能的消费者。Nike 的广告中经常出现一些口号和形象，如“Just Do It（想做就做）”和“Believe in something. Even if it means sacrificing everything.（相信自己的信念，哪怕这意味着要牺牲一切）”这些口号和形象会直接触发消费者的系统 1 反应，并在消费者心中建立 Nike 品牌的积极认知和情感价值。

随着 AI 技术的发展，ChatGPT 向我们展示了一种系统 1 与系统 2 联合共创的可能，人与 AI 可以通过协同交互完成任务。因此，将系统 1 和系统 2 结合起来，可以更高效地打破信息茧房，人类可以更快地学习和洞察，使不同学科之间更好地创造交叉知识。同时，借助 AI 技术，我们也可以更加深入地探索系统 1 与系统 2 的本质，更加深入地探究用户的心理因素，并将这些因素转化为情感诉求和理性思考。

举个例子，假如你是一个汽车制造商，想知道为什么消费者在购买汽车时会做出不同的选择。传统的市场调研可能会提供一些基本的数据和统计信息，但并不能深入地挖掘消费者的心理因素和个体偏好。而借助 AI 技术，你就可以利用自然语言处理、机器学习和数据分析等技术，对消费者进行更加深入的分析和预测。

比如，你可以使用情感分析技术来分析消费者在社交媒体上写的评价与反馈，了解他们对汽车品牌和型号的情感倾向与态度。同时，你也可以使用机器学习算法，分析消费者的购买历史、搜索行为和生活方式等数据，从而预测他们可能会选择哪种类型的汽车。此外，你还可以使用计算机视觉技术，通过分析消费者的面部表情、眼动轨迹等生理指标，来了解他们在购车过程中的情绪变化。

通过以上的分析与洞察，你就能更加精准地了解消费者的心理需求和偏好，从而制定更有针对性的市场营销策略，提高汽车的销售效益与竞争力。

从以上分析可以看出，AI 打破了以往消费者感性直觉与理性决策之间的博弈，相当于打破了人类大脑边缘系统与新大脑皮层之间对抗的过程。而这种人机交互模式与底层 AI 能力的改变，也可以在生产力场景下推动各个行业变革。

4.2.3 用户画像的本我、自我和超我

受众分析是从多个维度来分析受众，而洞察其实也是从多个维度来分析受众。“受众”这个概念被提出后，人们便认为信息的接收者都是传播的受众。在二战之后，随着整个工业生产的蓬勃发展，物质供大于求，于是就有了消费者为第一群体、以消费者为中心的呐喊，商家考虑更多的是消费者的行为与习惯。到 20 世纪 90 年代，互联网技术出现之后，“用户”的概念开始出现，商家也开始讨论用户的行为、企业网站的登录等。由此，受众到底是接收者、消费者还是用户便混淆在一起，成了一种混沌状态。

从另一个角度来看，早期的信息传播过程都是单向的、一元性质的，也就是信息只在一个系列中的一群人里面进行传播，此后才逐渐演变到多元化传播（见图 4 - 2）。

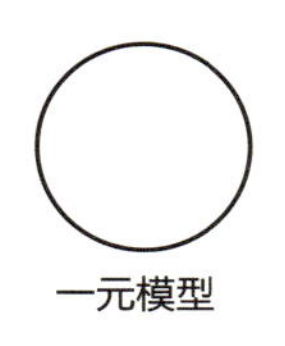

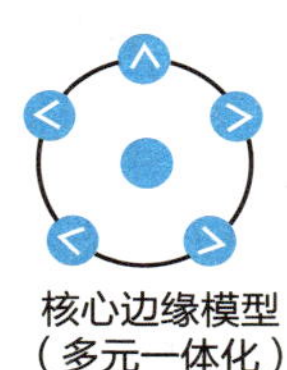

注：引用自珍·范·科伦伯格

图 4 -2 “人群” 在媒体技术发展中的分化

现在，媒体的概念已经十分广泛了，如社交媒体、在线媒体等，于是“受众”也更加具有传播意义，而我们也逐渐将这个新的“受众”看作是受众本身，并且将关注品牌、讨论品牌和浏览品牌的人都看作是受众。从这个角度来说，现在的“受众”概念包含的应该有用户、客户、消费者和信息浏览者。

如今的技术储备，可以让我们更好地“观察”受众，借用心理学，也就是从欲望角度对受众进行多维度的心理分析。这就需要用到精神分析学家弗洛伊德在自己的人格结构理论中提出的三个概念：本我、自我与超我。

本我、自我和超我可以用来解释人的意识和潜意识的形成与相互关系。弗洛伊德认为，人格结构是由本我、自我和超我三个部分组成的。其中，本我是指原始的自己，代表生存所需的基本欲望、冲动和生命力；自我与本我刚好相反，它是专管人格中道德的“司法部门”；而超我则是人格结构中的管理者，属于人格结构中重要的道德部分，也是一个人最理想的状态。

简单来说，本我就是不顾一切地满足自己的欲望；超我是以道德标准为最高准绳，专门利人；而自我就是不断协调本我与超我之间的矛盾，使自己在满足欲望的同时也不会被道德标准所谴责。如果按照人们通过媒体获取信息的需求和欲望来划分受众的话，可以将受众中的本我称为“本体”，将受众中的自我称为“自体”，将受众中的超我称为“超体”。其中，本体是大家在无意识差别的时候所关注的信息群体；自体是在调研或与品牌接触过程中，受限于现实场景的管理与管制而传递出信息的群体；超体则是人们希望达到向往状态的信息群体，也是人们的最理想、最完整的状态，包括社交媒体当中的“承接”（见图4-3）。

图4-3　受众本体、受众自体与受众超体

基于以上的划分方式，我们就可以通过数据分析，从多个维度来对用户进行观察。比如，我们可以通过浏览数据来研究本体，通过调研数据来研究自体，通过社交数据来研究超体（见图4-4）。

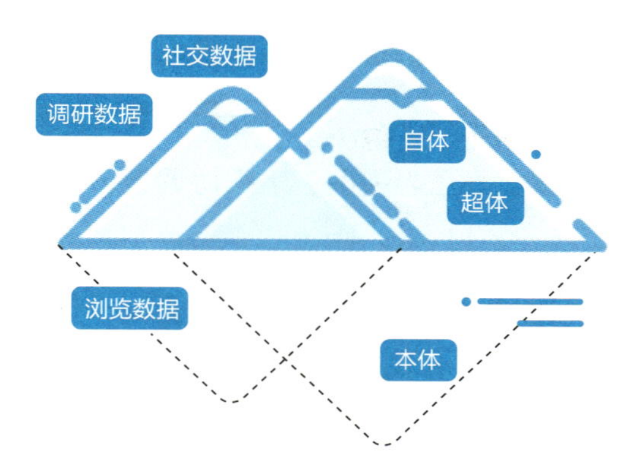

图 4-4　对本体、自体和超体的研究途径

当我们从以上三个数据维度去分析同一群受众时，我们似乎就拥有了“上帝视角”，使透过现象看本质变得更为简单直接。由此，基础洞察便产生了。

如果我们对本体、自体、超体与场景、行为、情绪等进行量化处理，就可以建立一个从群体到个体、从享乐到使命的平面坐标轴（见图 4-5）。

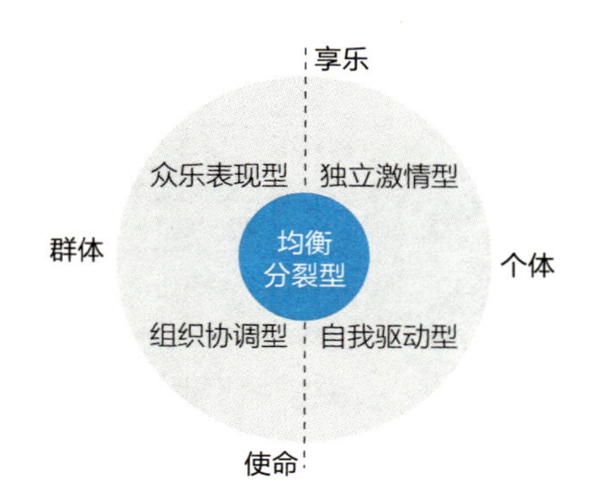

- 独立激情型：倾向于个人享乐主义，喜欢摄影艺术、音乐、时尚类活动；
- 众乐表现型：倾向于群体休闲活动，喜欢逛街、游戏旅游类活动；
- 组织协调型：集体意识强，较关注军事、咨询类活动；
- 自我驱动型：注重自我成长与进步，喜欢科技、教育、科学、健康类活动；
- 均衡分裂型：在以上任一类型中未表现出明显倾向。

图 4-5　用户画像坐标轴

在这个坐标轴上，我们将量化结果分为五种类型，目的是将其统一在一个思维框架体系之中进行分析和对比。这五种类型分别为：独立激情型、众乐表现型、组织协调型、自我驱动型和均衡分裂型。

有些时候，尽管我们可以清晰地感受到一个独立的“自我”存在于脑海之中，但心理学研究表明，这只是一个幻象。每个人都有相对独立的自我、本我和超我，这也能有效解释人类行为中的非理性和不一致性。受众群体更是如此，在不同的媒体环境下，他们不经意间的行为才更容易表现他们的本体、自体和超体。这也使我们有机会通过对比来研究受众的不同体态，洞察受众真实的“自我”。

我们以丰田汽车为例，分析一下丰田汽车受众的心理属性（见图 4-6）

本体
价值观分布
组织协调型 31%
众乐表现型 30%
独立激情型 17%
均衡分裂型11%
自我驱动型11%

自体
价值观分布
组织协调型 29%
均衡分裂型 27%
自我驱动型 19%
独立激情型 18%
众乐表现型 7%

超体
生活态度Top5
承担责任更重要 58%
家人认为我成功是很重要的 58%
我喜欢与家人待在一起 56%
我对我的成就有很大期望 55%
同时处理很多事情很重要 55%

图 4-6　丰田汽车受众人群洞察分析图

在图 4-6 中，不同受众类型的百分比是指把这些受众的行为特征或心理状态进行量化处理后的结果。从自体来看，这些受众是能够承担责任且更顾及家庭的一群人。而将本体与超体进行对比后可以发现，在众乐表现型方面，本体占比为 30%，自体占比为 7%；在均衡分裂型方面，本体占比为 11%，自体占比为 27%。

通过这些调研数据的结果可知，这些受众渴望群体休闲娱乐，喜欢与家人、朋友在一起。但对他们而言，这样的生活只是一种想象。

所以，如果总结一下丰田汽车受众人群的基础洞察，那就是：他们向往一种简单平静、其乐融融的家庭生活，但迫于生活压力，他们需要承担更多的责任，因此需要不断强化自己在事业上的成功，让家人能够更加轻松愉快地生活。简单来说，他们是一群追求成功的平凡人。

如此一来，通过这三个数据源带来三位一体的观察，基本的用户洞察就形成了。但是，真正对受众的洞察探寻却才刚刚开始。

4.2.4　案例：CaliberMind 利用“大五人格模型”进行用户分析

CaliberMind 是美国的一家利用 AI 和机器学习来帮助营销人员分析用户语言和社交足迹的公司。该公司的主要业务就是利用自然语言处理技术来评估用户语言，以了解其思维和交流模式，并进一步分析其情感，从而判断该用户的性格特征，最终帮助企业在用户做出购买决策的过程中通过电子邮件、广告和宣传进行定位。

CaliberMind 的联合创始人之一拉维夫·特纳（Raviv Turner），在创业之前曾做过 15 年的政府情报官员。用他自己的话说，CaliberMind 就是花了大量时间“用定量定性分析来解读人们如何思考”。他的工作就是通过消费心态学研究，即以态度、期望和其他心理学特征对人们进行分类来完成的。

因此，CaliberMind 使用的是大五人格模型，旨在描述个体的人格特征。模型涵盖了开放性、责任心、外向性、宜人性和神经质五个方面，这些特征可以通过个体的言语和行为进行评估。

在对苹果 CEO 蒂姆·库克（Tim Cook）和歌手泰勒·斯威夫特（Taylor Swift）的评估中，CaliberMind 就使用了自然语言处理和 AI 技术，对这些人的言语进行分析并提取出相应的特征。对于库克，CaliberMind 认为他可能是一个事业心异常强烈的工作狂，有天生的说服力，擅长与人相处，但对磨蹭的人可能没有耐心；对于斯威夫特，CaliberMind 认为她对权力和影响力有着强烈的渴求，有时会显得盛气凌人和过于自大，同时也脚踏实地，重视友谊，工作勤奋，有健康的生活目标。

再举个例子，一家企业正在推出一款高端电子产品，他们希望通过营销活动吸引潜在用户，提高产品的销售转化率。为了更好地了解潜在用户的个性和行为特征，该企业决定使用大五人格模型来分析收集到的销售邮件、销售电话和社交媒体运营等信息，进而实现自动化和智能化的营销管理，提高营销效率和 ROI。

首先，企业通过自然语言处理技术对收集到的销售邮件进行分析，以了解潜在用户的个性和行为特征。例如，对于那些表现出高度情感化和语气强烈的邮件，可以通过大五人格模型判断这些潜在用户可能具有较多的神经质和外向性特征，因此企业可以采取更温和的方式来回复这些邮件，以增加与用户之间的互动和信任。

其次，企业利用大数据分析技术对销售电话进行语音识别和情感分析，以判断用户情绪和反应。例如，如果用户表现出不耐烦和冷漠，那么企业可以猜测这些用户可能具有较少的宜人性和外向性特征，因此考虑采用更为直接和简洁的语言来与用户沟通，以增加与用户之间的有效交流。

最后，企业通过社交媒体运营等方式来收集潜在用户的个人信息和行为数据，以便更全面地了解客户的特点。例如，通过对用户在社交媒体上的评论和互动进行情感分析，企业可以更准确地判断用户的情绪和反应，从而有针对性地制定更有效的营销策略。

4.3 洞察算法驱动引发共鸣

如果前文我们讨论的分析是基于受众行业、竞争、人群方面的理性分析而形成的一个客观世界的定位，即类似于市场定位的话，那么现在的洞察其实是基于人群受众所进行的感性分析。相对来说，后者会凝聚在一种精神层面的定位上，定位究竟要如何满足这些抽象出来的人群受众的心理需求、情感需求，从而推演出传播策略、营销话术以及创意形式等，再结合洞察形成可以形象、直观、感性地触动人们系统 1 机制的营销行动。

然而，我们经常看到营销策划者犯的错误，就是没有深入消费者内心去洞察，只是在绞尽脑汁地让整个营销概念和策划看起来很好，实际上却完全不能打动消费者，只有策划者沉浸在其中。显然，这就不会是成功的营销。

在营销策略中，只有在品牌中注入洞察，企业品牌才会有生命力。因为产品不仅要为消费者提供它本身所具有的功能，还要为消费者提供一定的情绪价值。即使消费者以前从未听说过你的企业和产品，也能通过你的营销策略很快理解其价值，并因此而被打动，引发共鸣，产生主动购买的欲望。简单来说，就是要让你的营销方案真正触动消费者内心的“那块痒痒肉”。要做到这一点，营销人员就必须要到市场中去、到人群中去，与人群打成一片，倾听和洞察他们内心真实的想法，找到可以与他们产生共鸣的方案。这才是真正的营销。

4.3.1 利用消费心理学制定营销策略

今天，在电商带货、打折促销以及各类以销售情况来衡量营销 KPI 指标的形势下，营销人可能不禁会产生疑问：消费者与品牌之间真的可以建立持久的情感联结吗？消费心理学家和神经营销专家通过大量的研究证实，这种情感关系不仅存在，而且还很普遍。所以，帮助品牌建立深刻的营销价值，并不是因为品牌被消费者抛弃了，而是因为现阶段品牌的价值还没有完全表现出来而已。

早在 50 年前，市场营销、广告与零售业的从业者普遍认为，情感是理性思维的结果而非原因。他们之所以持有这样的观点，并不是因为没有意识到情感的重要性，也不是因为他们没有尝试保持乐观，而是因为他们还没有深刻地体会到情感的价值。现在，大家越来越意识到，情感对于消费者行为的影响比思想更重要，而且情感可以在消费者无意识的情况下，直接决定消费者的行为。

对于很多人来说，各个咖啡品牌之间似乎并不存在很大的区别，然而星巴克咖啡创始人霍华德·舒尔茨（Howard Schultz）却认为：咖啡店应该不只是卖咖啡的地方，还是为消费者提供聚集交流和消费的社交场所，要让消费者在这里产生“第三空间”的生活体验。因此，他开始着手将情感依恋与星巴克的品牌联系在一起。这种创新为星巴克引入了全新的客流，使之成为一个以咖啡文化为特色并成功影响全球的咖啡品牌。

更早的案例则来自宝洁公司。1879 年，宝洁公司的哈里·波科特（Harley Procter）在无意中听到一段《圣经》中的话：“你来自象牙似的宫殿，你所有的衣物沾满了沁人心脾的芳香……”这让他灵光一闪，“象牙香皂”由此诞生。这也是宝洁公司生产的第一块白色香皂，宣传称其纯度达到 99%。更重要的是，“象牙”的英文单词是 Ivory，听起来便给人一种洁白、温润的感觉，进一步联想，似乎还有耐用的特性，而且具有独特的产品特征——可以漂浮于水面。这样的商业品牌本身就意韵俱佳了。因此，“象牙香皂”一经上市便横扫日化市场，成为不可替代的日用消费品。市场专家大卫·A. 艾克（David A. Aaker）在 1991 年的报告中称：“‘象牙香皂’已经为宝洁贡献了 20 亿 ~ 30 亿美元的收益。”

如果你也能成功地操纵一个品牌在消费者心中产生的情感，那么消费者终其一生都会被这个品牌深深吸引，商家也能从消费者那里获得一份钞票“许可证”。当然，想要将一种情感与一个品牌联系起来是个复杂且代价高昂的过程，这也是广告人长期以来非常珍视的一点。这就需要通过消费者行为的洞察，在企业营销的长期信息传递中逐渐在消费者心里加深印记。如此这般，企业才能获得区别于其他竞品的盈余价值。

比如，创立于1991年的Just Gold（镇金店），就是以“新派金饰”为宣传点而建立的品牌。在品牌理念中，它致力于打造当代“真女人”的形象——独立、有主见，却又不失女人天性。Just Gold给女性带来的不仅是金饰本身，更是让“真女人”将自己的心从繁重的生活压力中释放出来，为自己创造一点小乐趣。正是这一点，触及了女性消费者内心最柔软的部分，由此也促使女性消费者在无意识的状态下产生了购买行为。

根据进化心理学的理论，人类在漫长的进化过程中形成了一些基本的心理机制，它可以使我们更容易对某些刺激做出相应的反应，从而提高生存和繁衍的概率。这些心理机制包括对美貌、社会地位、性别角色、社会认同等因素的敏感与关注。现代营销就利用这些心理机制，通过广告、促销等手段来塑造品牌形象，激发消费者的购买欲望和加深其对品牌的忠诚度。与此同时，随着科技的发展，品牌营销也越来越依赖数字技术与数据分析，以便更精确地锁定目标受众，并在不同渠道进行营销。就像进化心理学家杰弗里·米勒（Geoffrey Miller）所指出的那样：现代品牌营销已经准备好利用科技和人性的交叉点，以及先进技术的优势，来制定一种前所未有的营销策略。通过这种方式，企业和品牌也可以更加有效地吸引和留住消费者。

一个典型的案例，日产汽车在推广 2021 年全新款 Sentra 轿车时，便采用了心理学营销和 AI 技术相结合的策略，通过社交媒体和 KOL 的力量，为消费者打造了一个年轻、时尚、活力的品牌形象，并且还运用 AI 技术进行购车需求和偏好的数据分析，为消费者推荐适合他们的车型和配置。

在社交媒体方面，日产汽车主要使用了照片墙（Instagram）、推特、脸谱网等平台，通过发布生动有趣的视频、照片和动态等，让消费者更好地了解 Sentra 车型的特点和优势，以及它所代表的品牌形象。此外，日产汽车还与多个知名 KOL 合作，让他们为 Sentra 车型进行推广和宣传，以提高品牌的知名度和影响力。这种推广模式也取得了显著的成效，比如 Sentra 车型的官方推特账号上发布的一则视频广告，在短短两周内便获得了超过 3.7 万次的点赞和 9000 次的转发。这些都表明社交媒体对于品牌形象和销售业绩的重要性。

在数据分析方面，日产汽车运用了多种技术和工具，如 AI、机器学习和数据挖掘等，通过分析消费者的购车需求、偏好、历史数据和趋势，为消费者推荐最适合他们的车型和配置。比如，日产汽车推出了一个名为“Nissan Concierge”的智能客服系统，消费者可以在该系统中进行在线咨询和获得购车建议。该系统通过消费者的回答，可以对他们的购车需求和偏好进行分析，从而给他们推荐最适合他们的车型和配置。不仅如此，该系统还可以根据消费者的历史数据和趋势，预测他们未来的购车需求，为其提供更加个性化的购车建议和服务。

根据日产汽车发布的消费者调研数据，90% 的 Sentra 车主表示对自己的购车决策感到满意。其中，有 80% 的消费者称他们的购车决策是受到了“Nissan Concierge”系统的影响。这也表明 AI 技术在购车决策中发挥了重要作用。

此外，为了让消费者更好地体验 Sentra 轿车的特点和优势，日产汽车还采用了虚拟现实技术，让消费者可以在不用离开家的情况下体验试驾。消费者只需要使用 VR 设备，就能进入虚拟现实的场景中进行试驾，感受 Sentra 轿车的驾驶体验和舒适性。

通过以上策略，日产汽车成功地打造了一个年轻、时尚、活力四射的品牌形象，提高了品牌的知名度和影响力。同时，有 AI 技术的加持，日产汽车还大大提高了消费者购车决策的精准度和效率。这些策略的成功也反映在销量数据上，根据日产汽车公布的数据显示，与 2019 年相比，2020 年 Sentra 车型的销量增长了 38.1%，2021 年 8 月份的销量同比增长约 34%。而根据美国汽车杂志的评价，Sentra 车型在同级别车型中排名第一，得到了消费者和专业媒体的高度评价。

由此可见，对于 AI 技术的运用已经让营销人可以在广告策略的制定上更偏向于消费心理学，更加强调个性特征，强化产品与个人之间的联系。当消费者知道广告是为自己量身定做的，就会增加对品牌和产品的信心，并认定自己选购的产品是符合自己独特的个性的。

4.3.2 强化消费者的情感记忆

德国哲学家亚瑟·叔本华（Arthur Schopenhauer）曾说："人们可能会相信，我们的思考中有一半发生于潜意识。我已经对一些关于理论与实践问题的真实资料非常熟悉。我并没有再次进行思考，但问题的答案通常会在几天之后自动出现在我的大脑里。不过，得出答案的机制对于我来说始终是个未解之谜，它就好像是一台附加的机器，对我说这是发生在我头脑中的无意识沉思。"

事实上，如果真的有营销战略机器，那么洞察就不是一种恍然大悟或灵感闪现。洞察是需要从数据出发的持续不断的多角度思考，以及在观察之后来探寻洞察的真相。也就是说，那些你说不清道不明的无意识，其实已经在你大脑中放了一台机器执行惯常的机制，只是你无法表达或者对这种状态已经习以为常了。如果让"机器"知晓什么是"洞察"，进而知晓如何进行"洞察"的话，我们就要将这瞬间的过程进行步骤化、元素化、模式化。

首先，我们回到洞察的最初解释，洞察本身是一个名词和动词的复合体，所以在很多情况下，人们都觉得洞察的结束点便是提交可行性建议报告。而事实上，在通过多源数据对比的方式获得洞察后，应该如何启用这些洞察，让洞察发挥它的"动词"

意义，才更为重要。

其次，我们再回到营销场景中，通过从普遍受众中获取普遍性观点，给受众施加压力，也就是将企业的产品和品牌特质与普遍性观点相结合，带动广泛的受众人群，从而实现从“知”到“行”的飞跃，最终形成行动意向。

在社会心理学中，这种情况叫作从众效应。它根植于人类的大脑之中，源于一种与生俱来的、想要被他人接受并被视为正常的需要，这也解释了人们想要追赶潮流以及接受新事物的意愿。在社会活动中，与他人同步可以使人比独自行动时更加强大、勇敢和自信，这种启发也能减轻自己的压力和焦虑，增强消费欲望。而且人们还会因为感到安全而做出更冒险的决定。营销洞察正是巧妙地利用了这一点，在了解人性的基础上，来创造人与品牌、人与产品以及人与人之间的共鸣。这需要营销人员对时下社会中的焦虑点具有一定的观察能力，能够最大限度地了解消费者的焦虑。而创作营销内容的关键就是利用从众效应，最大限度地为消费者缓解这种焦虑。

亚特兰大埃默里大学的神经科学家格雷戈里·伯恩斯（Gregory Berns）曾进行过一项从众效应的实验研究，30 名受试者被要求对 50 组抽象的三维图像进行比较，结果发现，大部分人会附和占比多的观点，即便那些观点是错误的。同时，伯恩斯也发现，顺应群体的行为会为人们带来一些乐趣。从这个实验中，我们也能了解隐藏在一些时尚与潮流事物背后的情感所起的作用，从博柏利（Burberry）格子花纹到蒂芙尼（Tiffany）蓝，再到星巴克的猫爪杯，以及互联网泡沫带来的股市跟风、美国房贷危机带来的房地产泡沫等，都是遵循了这一原理。

此外，从众效应也会在心理上培养一种群体思维，在这种思维下，个体既可以放弃对自身行为所负的责任，也可以更加确定自己正在做的事情。比如，在早年的苹果新品发布后，消费者会彻夜排队，期待早早地买到苹果新款手机。之所以出现这样的“盛况”，就是因为苹果手机在进入中国市场之初便不断向消费者宣扬其追求完美、偏执创新的企业文化，而这种文化经过合理营销后，得到了消费者的共鸣，在消费者心中产生“使用苹果手机是一种时尚”的情感效应和积极情绪，让消费者觉得自己使用苹果手机后，就融入了时尚群体中，从而弱化自己与群体之间的界限。在这个过程中，品牌营销专家所做的事情就是制造一种“群体欢腾”，让个体在认可产品的同时，也能成为群体中的一员，一起保持对品牌的忠诚度和凝聚力，形成品牌的强势地位。我们平时常说的“果粉”“花粉”之类的，指的就是那些对某个品牌的忠诚度很高的消费者。

当一个品牌在消费者心目中的地位足够强势时，它们就会在消费者大脑中形成情感记忆，帮助大脑接收更多的积极情绪，使那些与自我认同和奖励有关的区域变得活跃。所以，品牌要想操控消费者的情感，不但要有效，还要合适，这样品牌催生出来的情感才能与产品本身的价值保持一致，与消费者当时所处人生阶段的具体情感需求保持一致。正如莎士比亚说的那样："人生是一个舞台，每个人都在扮演不同的角色。"其中有一些角色是我们自己创造的，而大部分是其他人强加给我们的，比如我们的家人、同事、领导、老师、合作伙伴以及社会环境与文化等。当我们感觉某种情感符合自身角色时，我们就会觉得它是适合自己的。

制造不同品牌之间的差异化的过程，也是依靠品牌"扮演"不同角色，以达到触发消费者情绪的作用，所以品牌经理与广告商会想方设法在消费者大脑中植入关于品牌的情感记忆。这样一来，不论消费者何时看到这个品牌，都会触发相同的感受和记忆。产生这种反应的人越多，品牌就越容易在消费者当中形成一定的群体优势，从而对消费者的购物决策产生更大的影响。

4.3.3　依据场景让广告营销引发共鸣

营销传播的目的在于影响消费者，改变他们对品牌的看法。而要有效影响消费者，最重要的就是洞察消费者，弄清消费者的想法，比如有哪些东西会令消费者心动？什么对消费者来说是最重要的？他们的感受（如喜欢的、厌恶的、敏感的……）是什么？他们的生活状态是什么样的？品牌能为消费者做些什么？品牌想要与消费者建立什么样的关系？……通过洞察这些信息，广告创意人员会将消费者经历过，但未曾表达过的感受，以听觉及视觉的形式呈现出来。

广告大师比尔·伯恩巴克（Bill Bernbach）曾说："问题不在于你输入了什么，而在于用户接受了什么。你对一个产品所说的可能都正确，但就是没人听。你讲的话必须让消费者有强烈的感觉。如果他们没感觉，一切都是白费。"所以，想让洞察具有行动力，就必须深入了解消费者，在洞察消费者需求的基础上，探讨并形成产品利益点、品牌情感利益点与人性之间的关系。要知道，对于营销推广来说，最难的挑战并不是短期内的收入和提升市场份额，营销往往是在销售未来，所以最难的挑战是帮助我们重新定义人们接触品牌的方式。这就需要产品、品牌与人性交互，才能达成一致性的目标。

例如，美国运通是所有信用卡当中最著名的卡片之一，但在20世纪90年代，运通信用卡也遭遇过一次危机。面对Visa、万事达信用卡的强烈攻势，运通信用卡的市场份额急剧缩减。其主要原因，就在于运通信用卡所面对的都是高端用户，细分市场过于单一。此时，运通信用卡所面临的挑战，就是如何在经济不景气的社会环境中，重新定义其代表的社会地位的符号。而为了扭转被动的市场局面，运通也及时调整营销策略，适时推出了自己的信用卡新产品——Optima（运显卡），与Visa和万事达信用卡市场一争高下。同时，运通在营销初期，还为自己的信用卡产品附加了比 Visa、万事达信用卡更为优厚的奖励政策、更便捷的服务项目等，并建立了一个大规模客户服务中心，24 小时为持卡人提供各种服务。此外，运通还通过签订优质服务提供商等，设定持卡人可享受的服务等手段，为持卡人提供间接服务，使持卡人在选择运通信用卡产品的同时，还能得到相应优质服务的承诺。正是这种对持卡人服务的重视，使运通信用卡从一种纯粹的支付工具上升为一种服务模式或用户消费偏好的象征。

通过以上分析可知，在遇到营销问题时，4A 公司往往会给我们展示一幅产品、品牌与洞察之间的关系路径图：

（1）产品利益点：即产品本身的优点，如口味好、气味佳、超大、迷你、新鲜、方便、价格合理、营养均衡等。此外，它与竞品比起来具有怎样的竞争力，是否会受消费者喜爱，如何将它转化为消费者的利益点，是否能满足健康、舒适、清新、双效合一等目标。

（2）品牌的情感利益点：即消费者信赖品牌的基础和价值。比如，品牌的个性是什么？它能为消费者带来哪些利益和价值？消费者为什么信赖它？毕竟一个品牌如果不值得信任的话，其实是不够资格被称为品牌的。

这些都是隐藏在人性角落里的“真理”，洞察了这些“真理”，营销活动才能更加有针对性，营销人也才更有可能得到自己想要的结果。

一般来说，我们在营销场景中经常用到的洞察，可以通过男性和女性的不同渴望与需求来进行归类。

比如，女性的渴望通常包括：

（1）渴望驾驭人生的每个阶段；

（2）希望拥有踏实和富有激情的婚姻；

（3）自己是一位成功却不失温柔的人；

（4）在母亲、妻子、同事、朋友等各种角色中，更渴望拥有第三方的认可；

（5）在现实生活中平衡新旧观点的冲突，如：晚婚晚育、独立不婚、自我觉醒等。

而男性的需求通常包括：

（1）突出自我地位；

（2）释放进取心，事业有成；

（3）拥有控制权；

（4）在女性面前展现出男性的魅力；

（5）工作外的多重能力，等等。

根据用户在以上不同场景中的需求，营销人员可以制定更有针对性的营销策略，满足人们内心的洞察需求，从而带来品牌和产品不同于其他竞品的价值溢出。所以，在营销过程中，通过分析洞察来寻找传播策略是有一条既定路线的，即从产品到产品利益点，到品牌，再到情感利益点和消费者隐藏的人性。这是一个阶梯状的路线图。

秦牧在《艺海拾贝》中写道：“一切艺术所以能够感动人，只是因为被感动的人从这种艺术里面引起某种程度的思想上的共鸣。”在营销活动中，要创造人与品牌、人与产品，以及人与人之间的共鸣，也是一个线性升华的过程：

首先，产品特点（功能点共鸣）要能够满足消费者的理性需求。

其次，品牌特点（情感共鸣）要能够满足消费者的感性诉求。

最后，价值观（共鸣）要能够满足消费者的价值需求。

完成以上这三步后，我们的营销任务就完成了一大半。而最后一步，就是在那个能够令消费者怦然心动的点上，形成可以形象、直观、感性而又能触动消费者系统 1 机制的营销行动，制定出消费者喜欢的广告方案，并通过广告修辞的方式促进销售，重塑形象，转变公众对产品和品牌的态度。

可以说，丰富的 AI 技术解决方案正在帮助众多企业快速获取和利用大数据，形成更高效、更智能的业务流程，从而提高企业的竞争力和市场份额。

4.3.4　案例：MetaMind“用图片去倾听”潜在消费者

MetaMind 是一家专注于深度学习的创业公司，旨在为商家提供自然语言处理和图像分析解决方案。商业用户通过使用MetaMind的深度学习工具、软件或在线服务等，进行相关研究并获得技术支持。

2016年，MetaMind被Salesforce.com收购，成为Salesforce的Einstein产品线之一，即视觉识别系统，可以帮助公司通过分析消费者生活中的照片来了解他们的生活方式。以此为基础，Salesforce可以“用图片去倾听”潜在消费者，识别照片中是否含有品牌标志，从而为消费者提供新的市场观察角度。

举个例子，一家销售户外运动器材的公司，就运用这种自动化的社交监控系统监测消费者每天在网上分享的内容。当消费者上传一张照片时，公司希望能够马上获悉这张照片是在海滩还是山上拍的，以推荐相关的户外产品。而营销人员的任务，就是创建一个能够识别图片是关于沙滩还是高山的模型，并使用海滩或高山的场景图片进行测试。同时，预测视觉服务API还使商家能够利用AI能力训练深度学习模型，以便大规模地识别和分类图像。营销人员也可以使用预先设定好的分类算法或设计自己的分类模型来解决特定的问题。

MetaMind不仅可以帮助该公司“用图片去倾听”潜在消费者，看看公司的品牌标志（或竞争对手的）是否在他们的照片中，而且还有一个常识知识库，记录一些不常见的图片，如算盘、阿拉伯长袍、学术袍、教授袍、法官袍、手风琴、橡子南瓜、松子、木吉他等。该公司会建议营销人员将这些知识应用于分析消费者在社区和评论区发布的图片，并以此改进产品和服务。通过运用这种精密的行为分析方法，MetaMind 可以从看似随机的消费者行为中收集洞察，并提供营销假设。通过了解消费者，广告的相关性也为该公司带来了更好的营销效果。

除了视觉识别系统之外，Salesforce 的 Einstein 产品线还包括自然语言处理（NLP）服务和预测分析服务。据 Salesforce 表示，利用 Einstein NLP 服务，企业可以轻松地从大量的文本数据中提取信息，识别情感和意图，并自动回复消费者。而预测分析服务则可以帮助企业利用机器学习技术，自动预测销售趋势、消费者流失率和市场趋势等关键指标，以更好地了解市场需求并做出战略决策。

第 5 章
创意模块：AI 加持从创意启发到创意内容

AI 的智慧和创意的流动，开辟了无限的创作空间。 通过 AI 加持从创意启发到创意内容的交融和协同，我们能够超越想象的界限，创造出前所未有的艺术体验，开拓创意的新境界，实现品牌的创新和人们的心灵共振。

时间：1960 年 6 月 25 日

地点：纽约麦迪逊大街

人物：广告公司创意总监 唐德雷柏

“在舒缓曼妙的乡村音乐中，出现一个拥挤、烟雾弥漫的酒吧……”唐德雷柏萌发了一些灵感，拿起一张餐巾在上面写写画画，并招呼来一个男服务员，问他抽什么品牌的烟。

“黄金时代，怎么了？”黑人服务员慢条斯理地回答道，“我爱抽烟，但我老婆不喜欢我吸烟，杂志上说这会致癌。女人总爱看这种杂志。”

这个画面便构成了一个白人精英与一个黑人服务员对香烟的感受，并且夹杂着女人们在购买决策中的影响，一下就把观众带进了第一个广告议题：

“欢迎来到 1960 年！香烟被制造了，并且致癌，你该怎么兜售致癌物？”

这是电视剧《广告狂人》中的第一幕，唐德雷柏是该剧的主人公，一个虚构的角色。他代表着20世纪中期像大卫·奥格威、比尔·伯恩巴克和乔治·路易斯这样的广告公司高管。他们的时代也是创意部门统治广告的时代。在20世纪60年代初期，二战的阴霾已在美国消失得无影无踪，在旺盛需求的推动下，社会上充斥着一种“今朝有酒今朝醉”的物质享乐气氛，诚如主角唐德雷柏所言：“我每天都过得像是人生中的最后一天，事实也正是如此。”

二战之后，美国的军工能力转移到民用消费领域，同时配合着消费思潮的涌起，广告行业成为炙手可热的创新产业，一点也不亚于现在的移动互联网。生活在那个时代的大卫·奥格威、比尔·伯恩巴克与李奥·贝纳（Leo Burnett）等人，也被誉为是20世纪60年代美国广告“创意革命”时期的开拓者。可想而知，这些美国广告业中的创意人在当时的地位像神一样，在物质上可以获得丰厚的利益，在精神上则拥有巨大的成就感。

5.1 “创意革命”时期的开拓者

在20世纪40年代，大卫·奥格威、比尔·伯恩巴克等人刚刚创立自己的广告公司，但当时大多数公司里的创意人员只是负责执行与落实，真正的大权是掌握在客户经理手中的，他们才是公司的门面，负责直接与客户接洽建立合作关系。许多时候，他

们还直接决定使用哪个广告战略平台、是否参加展示等，如果选择参加展示，也是由他们负责最终的底稿。

在广告公司里，除了客户经理外，其次重要的是文案。传统观念认为，广告就是“印在纸上的推销”，而推销是要靠嘴皮子来说服别人的，所以“词语”在广告中的作用大过图片。

处在最底层的是美术指导或视觉团队，他们的意见无足轻重，也很少能参加业务传达会，从来见不到客户。作为广告公司里的创意人员，他们需要听从文案的指挥，按照后者的要求对广告进行排版或配图。创意指导不仅很少参与决策，更难获得像《广告狂人》中唐德雷柏那样至高无上的权力。客户经理才是所有创意工作的最高裁判员和执行官，他们有权否定、修改甚至重新起草文案。

在这样的社会环境中，广告行业中创意人员的地位显得无足轻重，与之相对应的，广告中创意的价值也被忽略，难以真正发挥效用。而之所以如此，是因为广告公司尚未真正了解创意，以及创意在广告中的重要作用，直到那些真正的“创意”人出现。

5.1.1　伯恩巴克与恒美广告公司

1947 年，尚未成立自己的公司的比尔·伯恩巴克正在纽约葛瑞广告公司任职，担任公司的创意总监。但他觉得，当时公司里的广告毫无创意可言，于是写信向董事会表明自己的策略建议与创意信条。然而，公司对伯恩巴克的话没有做出任何反应，这让38岁的伯恩巴克决定自立门户，将自己的梦想和创意付诸实践。

1949年6月1日，伯恩巴克与马克斯韦尔·戴恩（Maxwell Dane）、内德·多伊尔（Ned Doyle）共同创建了Doyle Dane Bernbach广告公司，即恒美广告公司，简称恒美（DDB）。在为公司命名时，三人采用抛硬币的方式决定了名字的次序，还决定改变以往的公司名称书写习惯，去掉三人名字中间的逗号。“我们要亲密无间，连标点也不应该有。”伯恩巴克说。

在伯恩巴克看来，“亲密无间”不仅指与合作伙伴亲密无间，与消费者也是如此。他坚信，企业不应该以粗制滥造、毫无灵魂的广告内容来应付消费者，虽然这些内容可能会在短期内实现经济效益最大化，但消费者不会一直是被动的信息接收者，而是活生生的参与者，更是直接的享受者。如果广告没有新意，缺少独创性和想象力，没有人会感兴趣。而且广告在播放过程中，还经常会打断人们连续阅读或欣赏节目的行为。从某种意义上说，一些轻松、幽默、富有创意的广告应该成为一种娱乐受众的补偿。因此，伯恩巴克坚持把独创性和新奇性作为广告业生存发展的首要条件，并认为只有这样，广告才有力量与世界上一切惊天动地的新闻事件相竞争。

正是在这一理念的指引之下，伯恩巴克在美国同时代的广告大师之中才另辟蹊径，自成一家，常常做出令人拍案叫绝的作品。

伯恩巴克的第一个成功案例是奥尔巴克百货。这则广告无论是创意、文字还是设计，都极具特色，一出来就吸引了无数消费者的眼球。广告内容如图 5－1 所示：

图 5－1　奥尔巴克百货广告

标　题： 慷慨地以旧换新

副标题： 带来你的太太，只要几元钱，我们将给你一个新女人

正　文：

为什么你总是欺骗自己，认为你买不起最新的、最好的东西？在奥尔巴克百货公司，你不必为买美丽的东西而付高价。有无数种衣物供你选择——一切全新，一切都将使你兴奋。

现在就把你的太太带给我们，我们会把她变成可爱的新女人——只花几元钱而已。这将是你有生以来最轻松愉快的投资。

奥尔巴克 纽约·纽瓦克·洛杉矶

口　号：做千百万的生意，赚几分钱的利润。

与以往那些广告不同，这则广告完成了一个世纪难题：如何让那些低端的商品看起来不低端？

伯恩巴克认为：如果想改变低价服装等于低级品质的观念，在广告上就一定要呈现出尽可能精美的图像与文案。而这则广告把奥尔巴克百货的低价优势幽默地传达给消费者，同时又完全摆脱了低廉的感觉，因而也引起了消费者的极大兴趣。

在当时，恒美广告公司的理念极其激进，几乎达到了让人无法想象的地步："我们没有任何程式，所有广告的唯一共通之处在于它们都包含一个新颖的想法。我们用新颖、原创的方式讲故事。"这就是当时恒美广告公司的理念。而这种创意理念也让恒美像一匹脱缰的黑马。公司成立之初，全部资本只有区区 1200 美元，年营业额也只有 50 万美元，而十年后，公司营业额已经飙升至 4630 万美元，增幅近百倍。

一时间，伯恩巴克成了拯救广告创意人的救世主。虽然伯恩巴克一直被认为是灵感闪现、不拘泥于形式的创意代表，但在他本人看来，一个好的广告应当具备三个基本原则，即相关性原则（Relevance）、原创性原则（Originality）和震撼性原则（Impact），这三个要素后来也被称为是广告的"鬼斧"。

5.1.2　大卫·奥格威的广告创意法则

伯恩巴克在创作广告时信奉灵感，很少做调查研究，甚至认为调查研究会导致广告丧失个性，而同一时代的另一位“创意骑手”大卫·奥格威，对调研在广告中的应用有着与伯恩巴克不一样的理解。他特别看重广告研究的结果分析，从概念到文案再到布局都有一套规定。他还喜欢用事实来说明所有技术的有效性，例如“标题的读者数量是正文的 5 倍”“在读正文的前 50 字里，读者数量下滑很快，但在读 50～500 字之间读者数量基本不变”“一定要使用证明材料”等。

其实在 20 世纪 30 年代，研究便已经成为广告行业竞相追捧的圣杯了。面对抽象的创意，不明就里的客户往往无法评估广告的效果，这时研究人员提供的大量图表和数据让他们感到如获至宝。有了规则的引导，广告创意就变得不再陌生，广告文案也可以发挥个性和想象力，但前提是不能与“经过验证”的规则相悖。简单来说，创作灵感要屈从于研究报告。

除了对调研的理解与伯恩巴克不同外，与伯恩巴克的“形式即内容”的观点相比，大卫·奥格威一直坚持“内容大于形式”。在《一个广告人的自白》一书中，大卫·奥格威就曾经给出过广告标题创作的建议：

（1）标题好比商品的价码标签，用它来向你的潜在客户打招呼。因此我们必须注意，不要在标题里说排斥潜在客户的话。

（2）每个标题都应该带出产品给潜在客户自身利益的承诺。

（3）始终注意在标题中加入新的信息，因为消费者总是在寻找新产品或者老产品的新用法，或者老产品的新改进。在标题中可以使用的最有分量的两个词就是“免费”和“新的”。

（4）我们应该密切关注那些会产生良好效果的字眼，包括：如何、突然、当今、宣布、引进、就在此地、最新到货、重大发展、改进、惊人、轰动一时、了不起、划时代、令人叹为观止、奇迹、魔力、奉献、快捷、简易、需求、挑战、奉劝、实情、比较、廉价、从速、最后机会。不要怀疑这些字眼的效果，它们或许有些老生常谈，但在广告中却能起作用。在标题中加入一些充满感情色彩的字词，也可以起到加强的作用。

（5）读广告标题的人是读广告正文的人的 5 倍，因此至少应该在标题中告诉这些浏览者，广告宣传的是什么品牌。标题中总是应该写品牌名称的原因就在于此。

（6）在标题中写你的销售承诺，这样的标题就要长一些。10 个字或 10 个字以上的带有新信息的标题比短标题更能推销商品；6 ~ 12 个词语的标题招回的订单比短标题招回的订单多。

（7）标题如果能引起消费者的好奇心，他们很可能就会去阅读你的广告正文，因此在标题里应该写一些诱人继续阅读的内容。

（8）很多文案撰稿人经常写一些故弄玄虚的标题：双关语、引经据典或者晦涩的词句，这是“罪过”。你的标题必须以电报式文体讲清你要讲的东西，文字要简洁明了、直截了当，不要和消费者玩捉迷藏。

（9）调查表明，在标题中写否定词是很危险的。

（10）避免使用有字无实的瞎标题，就是那种消费者不读后面的正文就不明其意的标题。大多数人遇到这样的标题是不会再去读正文的。

鉴于标题在广告文案中的重要性，大卫·奥格威的建议可以帮助我们在拟标题的时候避开许多陷阱。

1958 年，大卫·奥格威为新款劳斯莱斯创作了一个广告标题："这辆新型'劳斯莱斯'在时速 60 英里时，最大的噪声来自电钟。"（注：1 英里≈1.6 千米）时隔 60 多年，它依然是教科书级的经典之作，被誉为"史上最棒的长标题之一"（见图 5－2）。大卫·奥格威说："如果你的标题没有吸引到受众的目光，那相当于浪费了 80% 的广告费。"对于这个劳斯莱斯广告的标题，大卫·奥格威认为这是他写过的最好的标题，"在这个标题中，没有任何华丽的形容词，我只是列举了事实。"

而在副标题中，大卫·奥格威提出了一个问题："什么原因使劳斯莱斯成为世界上最好的车子？"他还引用了一位知名的劳斯莱斯工程师的话："说穿了，根本没有真正的戏法——只不过是耐心地注意到细节罢了。"

1963 年，《一个广告人的自白》一书出版，大卫·奥格威声名鹊起。这本广告从业手册章节主题鲜明，语言轻松自然，完全利用真实的故事来阐明道理。而大卫·奥格威的方法是机械性

图 5-2　大卫 · 奥格威为新款劳斯莱斯创作的广告

的——集齐所有要素，按照我的配方混在一起，就能保证成功。

对此，大卫 · 奥格威也做了整合，即：内容 + 形式，调研和理解产品的重要性，以及将不同事物组合建立品牌形象。这一理念非常成功，甚至超过了同期李奥 · 贝纳和伯恩巴克所提出的理念。在 20 世纪 60 年代的美国广告三大宗师中，大卫 · 奥格威的风格最为朴实。有调查显示，他通过广告销售出去的产品数量是比尔 · 伯恩巴克和李奥 · 贝纳加起来的 6 倍。

5.1.3　哈珀——创意模型的预言家

如果说大卫·奥格威和伯恩巴克是广告界的魔法师，创造了广告界一个又一个创意奇迹，那么马里恩·哈珀（Marion Harper）就是广告界最早的预言家。他被认为是第一个使用“智库”一词的人，也是第一个从广义上把广告公司的功能描述为营销传播的人。而他之所以能得出“智库”这个概念，一部分原因是他开创了一个先河，让自己的员工不再拘泥于单纯地为客户做广告这样的狭义思维。

1939 年，哈珀从耶鲁大学心理学系毕业后，便进入麦肯广告公司工作。在这里，他提出了用“因素分析”（factor analysis）来研究杂志和报纸读者的兴趣，研究“印刷品信息和广播信息对受众的影响”。哈珀的研究获得了立竿见影的效果，公司迅速将他研究的新方法应用到了广告领域和新业务中。

到了 1960 年，哈珀开始提倡用“整体性”方法来解决营销问题，这也是 30 年后广告行业中普遍流行的一个词语“整合营销传播”的雏形。哈珀的很多想法都来自于他曾经做过麦肯广告公司调研部总监的生涯。作为他广告生涯的起点，那里被称为是麦肯公司的“智库”，这个“智库”也影响了此后成立的所有智库，并在当时帮助麦肯公司优化了广告创意、策划、客户、媒体观点等，将不同人才当成是一个巨型大脑的不同零件组合在一起。一旦出现问题，这部“人类机器”的每个部分都同时开始运作，很快便有了解决方案，之后再将方案优化，投向市场。

在今天看来，这套理念应该是行得通的，但在 20 世纪 60 年代，它还是让人觉得难以置信。

尽管哈珀自称自己的创新是一场广告创意的革命，但这与恒美广告公司发起的创意革命完全是两回事。他在一次重要的高管会议上抨击纯粹基于灵感的创意革命，将之称为“创意的新邪教”。他还与伯恩巴克针锋相对，后者曾说过“我奉劝你不要觉得广告是科学”，这与哈珀的信仰背道而驰。

实际上，哈珀并非忽视广告中的创意，但在他看来，创意同样能受益于分析和智库。不仅如此，他还在麦肯广告的基础上发展出了埃培智（Interpublic）集团。该集团公司是将智库和创意中心二合一，负责思考如何让广告项目更富有创意，然后把诸如媒体和创意工作研发的琐事交给广告公司。哈珀把这种工作方式称为“协同创作”，即在高层次上将不同专长整合起来。

这种基于“数据调研 + 用户分析 + 创意策略 + 创意执行”的创意协同创作模式，无疑与我们在前文描述的受众分析模型的下半区域十分相似（见图 5－3），即从分析和洞察点出发来思考创意和制作内容，再到媒体投放执行。

虽然哈珀为广告创意协同创作极力呐喊，但当时的大部分广告人仍然更认同伯恩巴克的创意思维，因为人们认为“创意”本身是抽象的，并不像“计算”那么具象。

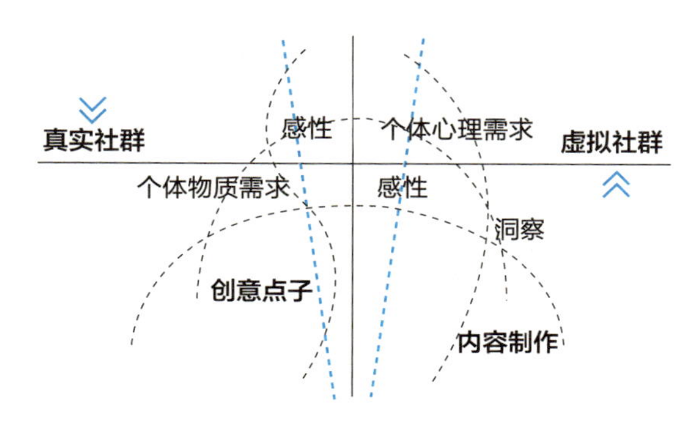

图 5-3　从分析与洞察点出发思考创意、制作与执行

5.2 创意的过程

今天，我们对创意的定义是创造意识或创新意识，是指对现实存在事物的理解以及认知衍生出的一种新的抽象思维和行为潜能。

从这个角度出发，智能营销的“圣杯”必然是智能创意，但这又让人觉得它无法实现，就像我们认为“智能机器取代人类”绝对不可能发生一样。当然也有人认为，想让机器拥有智能，前提是搞清楚人类的智能。

然而，研究人的智能在宏观上涉及心理学领域，在微观上涉及分子生物学领域等，但在研究到一定阶段时都会遇到瓶颈，所以也没有任何一个学科可以告诉我们：智能从哪里来？怎样才能产生智能？即使现在我们已经了解了许多关于大脑的知识，人类智能仍然像是一个“黑匣子”。对这个“黑匣子”的研究方法有两种：要么从外部观察其行为，模拟其结构，我们称之为“自上而下”的研究；要么便是盲目地猜测。从以往技术辅助人工的角度来看，想让机器拥有智能，就要求 AI 系统必须能够模仿人类一样去创意，去进行抽象的思维活动。

比如说，我们想要开发一款能够像人类一样行走的机器人，那么首先必须从各个角度了解人类行走的过程，而不能仅通过不断地声明和遵循一套规则来完成。创意专家们认为的“创意”也无法用一套既定的规则来实现，或者他们没有意识到创意是一套由后天意识形成的规则。

这里我们需要再向下挖掘，弄清楚意识是什么。从字面来看，意识等于主观体验，就像固体、液体和气体一样，是一种涌现现象，拥有一些高于和超越其组成粒子的性质。而“意识即信息”的思想又将人们引向了一个我十分欣赏的激进思想：假如意识就是处理某些信息时的感觉，那它一定是独立于物质层面的；物质自身的结构并不重要，重要的是信息处理的过程。从这个角度而言，我们在不能实现创意意识的基础上，先关注创意产生的过程，应该是一种解决方案。

所以，如果我们将创意的结果转为创意的过程的话，那么 AI 在这方面就有了切入点。

5.2.1 创意 = “创” + “意”

在《当代广告学》中，对创意的过程有一段描述：“创意的过程是一个发现独特观念并将现有概念以新的方式重新加以组合的循序渐进的过程。遵循创意的过程，人们便可以提高自动发掘潜能、交叉联想和选取优秀创意的能力。”当我们将“创意”拆解为“创”+“意”的时候就会发现，在创意中必然包含70%的基础且重复的工作，有20%的工作需要外界灵感对创意人进行刺激，而仅10%的工作是需要创意人来赋予其人性的。

这个创意的过程，其实是用广告程序化的方式来试图解决创意问题，比如将创意元素拆解，为这些元素贴上各种标签，再将素材标签与人的标签进行匹配组合。

但这里也存在一个问题，如果这种组合是存在的，那么它们之间是如何对应的呢？

2015 年 8 月，国际营销学教授雅各布 · 戈登堡（Jacob Goldenberg）在顶尖营销学术期刊 *Marketing Science* 上发表了一篇研究文章，文章显示：89%的优秀获奖创意广告其实是来自于六个创意模板。而在没有获奖的创意广告中，只有2.5%的广告使用了这六个模板之一。巧妙地使用这六个创意模板，可以在广告中“人为地制造惊叹”。这项研究直接与创意人固有的印象发生了冲突。

实际上，广告创意是关于“引起好奇、惊叹与关注的科学”，是一门需要系统学习和专门训练的学科，而不是靠“头脑风暴”随便想出来的。当然，创意的过程也不是大多数人想象的那种，很多创意都是遵循规则的产物，是大量学习和训练的结果，而不是毫无方向的发散思维。

人类有 97% 的创造行为都属于探索组合形式的创造行为，而计算机的运算速度远超过人类，运用“随机组合”的方法求取一组模式或规则的极限，也是计算机最擅长的。但它得出的结果均在情理之中，并没有意料之外的惊喜，所以也只能为创意人提供做决策时的参考依据。

但是，AI 技术的优势就在于分类、穷尽和组合，在于多维度技术、发散以及无序，甚至在于无厘头，所以它也可以更好地触及创意的本源。正如毕加索所说：“理智是创造力最大的敌人。”从表面上看，这或许有悖于机器文明，然而通过编程创建一个“元规则”，指导机器改变路线，最终产生“非理性”的行为，这恰恰是机器学习最擅长的。

当然，这种“组合”也的确可以极大地促进创新。美国作曲家菲利普·格拉斯（Philip Glass）在与印度古典音乐“教父”拉维·香卡（Ravi Shankar）的合作中获得灵感，在作品中融入了多种不同风格的音乐元素，最终形成了他独具一格的创作风格——简约音乐；英国建筑师扎哈·哈迪德（Zaha Hadid）在她所钟爱的俄国画家卡西米尔·赛文洛维奇·马列维奇（Kazimir Severinovich Malevich）的启发下，形成了独特的“曲线美”建筑设计风格。这些有趣的迹象表明，组合型创造力也可能会完美地适合 AI 世界。当然，这需要程序员找出某种有趣的方式、方法来融合两者。在营销行业，创意人员和程序员便需要这种类型的混搭合作。

5.2.2 案例：AI-CD β 机器人的创意之路

2017 年 3 月 8 日，日本麦肯（McCann Japan）广告公司在伦敦举行的英国广告行业年度会议上，展示了一款名为 AI-CD β 的机器人，这款机器人同时也担任该公司创意编剧的职能。

为了让这款创意机器人可以顺利地工作，创意策划松坂俊与他的开发团队先将一则商业广告拆分为两部分：一部分为创意元素，包括广告品牌、宣传目标、目标受众和广告核心信息等；另一部分为电视广告元素，包括广告的语气、方式、音乐、文案等关键信息。根据这些元素，开发团队将过去十年获奖的日本广告作品进行解构，再根据获奖理由重新分类和贴标签。随后，这些被解构的作品便以新的秩序组成一个数据库，再由机器对其进行自动匹配，分析哪种元素会导致什么样的结果。

简单来说，由机器来制作一个商业广告片的基本流程是：分析客户需求，根据需求提取配对的视频元素，再进行重新组合。一个原本很难的创意性工作，通过机器人拆解创意过程，就可以寻找到最佳的解决方案。

事实上，早在 2016 年 6 月时，AI-CD β 就已经完成了自己的第一支商业广告。这是一个时长为 30 秒的口香糖广告，广告内容是突出一款可以让口气清新持续 10 分钟的口香糖产品。与此同时，创意总监仓本美津留也为同一款产品制作了一支时长 30 秒的视频广告。公司还为这两支广告举行了“哪支广告更受欢迎”的小竞赛，最终创意总监仓本美津留设计的广告以 54% 比 46% 的优势获胜（见图 5－4）。

图 5-4　仓本美津留与 AI-CD β 的广告竞赛投票图

虽然 AI-CD β 在这次广告创意竞赛上没能战胜人类，但 46% 的支持率也很高了。在这两支广告中，仓本美津留设计的广告画面是一位女士吃口香糖，即刻便能潇洒挥墨；而 AI-CD β 设计的广告是一只穿着西装的狗，吃了口香糖之后飞翔在压抑的城市上空。相比之下，仓本美津留设计的广告更有美感，表达的意义也更含蓄，这也许就是它被更多人喜欢的原因；而 AI-CD β 设计的广告显得更加直白和无厘头，这种直观效果可能会被很多商业广告片受众所喜欢，这应该是为什么 AI-CD β 并没有输很多的原因。

有数据库的支撑，AI-CD β 在效率上会更具优势，但数据库的局限性也决定了 AI-CD β 的创作局限性。就像松坂俊指出的那样，未来的广告机构进化将主要依靠人类创造的机器算法，创新只会发生在传统模式遇到障碍的时候。

AI-CD β 的开发思路便很好地诠释了前文提到的将“创”+“意”分开进行，再进行结构化、收集素材、优化步骤等。从中也可以看出，机器算法的高效应用只是一份工作当中低质、繁杂和重复率高的那部分。人类将这部分工作分出去之后，自己才有可能更加专注地进行高质量内容的制作，这也许正是“创意”继续前进的一条出路。

5.3 AI 成为广告业“创意引擎”

蓝色光标集团旗下智能营销助手销博特（XiaoBote），是一款基于云端聚焦 AI 营销场景的多人协同创作平台，它主要有策划案撰写、人群画像、创意灵感、标语生成、品宣文案、一键海报等模块，通过结合 AI、统计算法和多维数据库，一键自动化生成策划案、消费者洞察、营销创意等内容，可以帮助营销人员提升工作效率，提升营销团队在线协作的创造力。

不过，很多人仍然不认为机器可以取代人类的创意，因为创意的产生并不如推荐算法那样，以大多数人选择的大数法则为底层逻辑，只要不断地进行数据积累就可以不断优化。营销创意往往是一种“小众现象”，是“黑天鹅”效应，毕竟创意的“意料之外，情理之中”是创意大师们认同的底层逻辑。

“创意是否也是如此？会不会也经由一系列看不到的过程，在意识表层之下长期酝酿而成？”智威汤逊广告公司资深顾问詹姆斯·韦伯·扬（James Webb Young）也问过这个问题，不过他有不同的思路。“如果是这样，这些过程是否可以被鉴别？是否可以被有意识地遵循与利用？简而言之，是否存在一种规则或方法可以用来回答这个问题——你如何得到创意？”

也有人认为，创意并不是天马行空、毫无规律可言的灵光一闪，它是有“套路”可言的。从这一点上来看，机器是可以辅助创意产生的。因为在技术专家看来，通过编程创建一个“元规则”，指导机器改变路线，最终产生“非理性”的行为，这恰恰是机器学习非常擅长的。

广告创意究竟是科学还是艺术，这个话题一直争论不休。在创意人看来，大创意需要较强的艺术性认知；而科学派则认为，创意本身完全可以从科学与计算的角度去拆解、重构，最终实现创新的可能。

詹姆斯·韦伯·扬在《创意的生成》一书中写道：“创意的生成过程同福特汽车的制造过程一样明晰，这个过程就像在一条流水线上作业。我们的思维也需要遵循一套可以学习和掌握的操作技巧，掌握它的方法与学习任何工具的使用方法并无二致，必须多加练习，才能熟能生巧。”在詹姆斯·韦伯·扬看来，“创意的生成”是可以被结构化的，可以通过训练获得的。这在智能时代，为科学技术与广告艺术相融合提供了一个基础。

在这里，我们将创意结构化，先为它取个名字叫“创意引擎”，即通过大数据、AI 等技术赋能 AI 的创意生成。

5.3.1　创意引擎的五个层次

创意引擎共有五个层次，分别为洞察层、创意层、人机交互层、规划层与执行层，其中规划层和执行层可以放在一起。这五个层次都是基于市场收集到的大量数据，在感性层面考虑目标人群的心理需求、物质需求，从而获得目标人群洞察，以人群洞察为中心向各个方向散发，生成创意点子。创意点子有机结合，便形成了营销策划创意，最终再将创意付诸实践（见图5-5）。

接下来，我们就深入了解一下这五个层次：

（1）洞察层

洞察层是创意生产的逻辑起点，是整个方法论的“基因”，它体现为受众群特征分析与文化趋势的把握。在受众群特征分析层面，可以通过对用户调研数据的标签化来实现；在文化趋势层面，由于文化理解本身的主观性，导致其难以通过数据匹配得出准确结论，这时就可以用组合的方式，通过对自身标签的组合，了解消费者的价值观、体验感等信息。

随着AI技术的发展、算力的增强以及算法的优化，在洞察用户画像方面，智能技术可以做到利用用户在互联网上留下的行为数据、媒介场景、人口数据等信息，大量获取用户行为数据，准确地对人群进行洞察，预测用户消费诉求、行为和习惯。

同时，利用AI深度学习技术还可以学习用户的社交数据、浏览数据、调研数据等，从中挖掘不同的目标群体拥有哪些不同

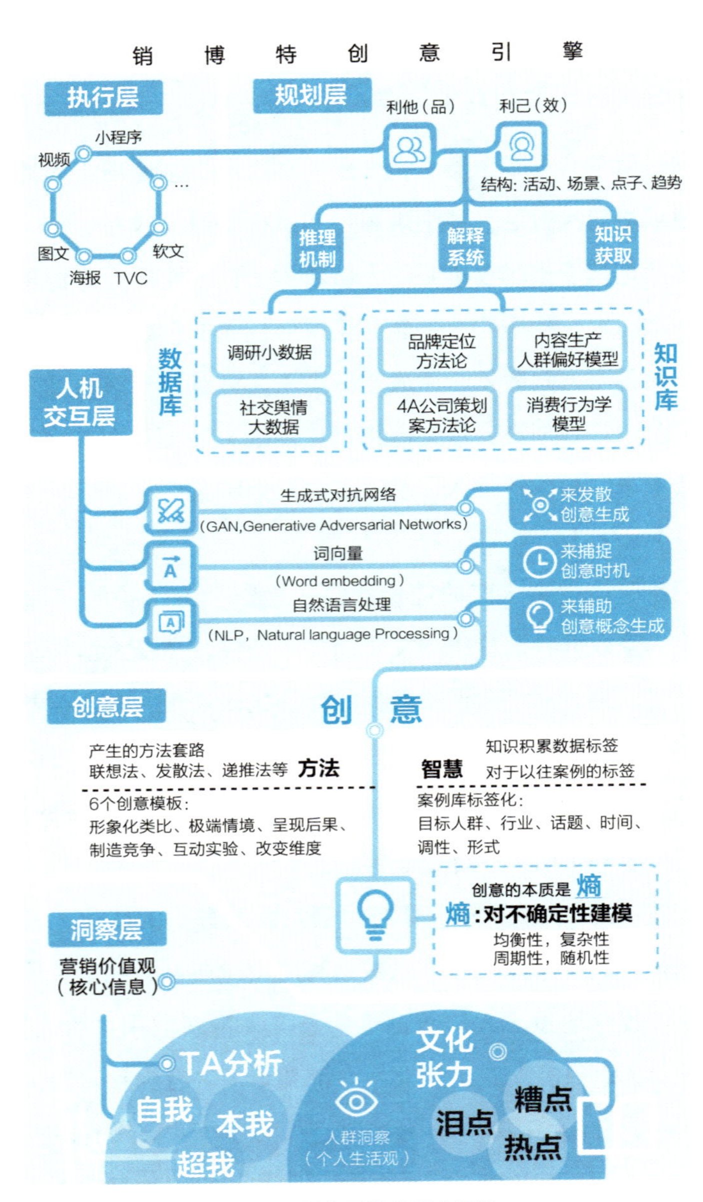

图 5-5 创意引擎的五个层次

的消费心理和消费习惯。通过对企业现有的客户群进行建模分析，利用 **AI** 技术自动搭建定量的客户模型，通过企业的知识图谱结合大数据匹配更多的潜在优质客户，从而更好地使算法推荐与文化趋势相匹配，寻找创意洞察中的冲击力和冲突感。

（2）创意层

创意层中引入了“熵”的概念，尝试用机器生产创意。“熵”的本义是体系混乱与不确定的程度，在机器创意的生成逻辑中，“熵”被认为是组合，即把所有的相关数据进行关联。当算法足够好时，系统就会生成大量的、新的创意。这就回到了理解创意这一问题的本源。机器创意会从“方法”和“智慧”两个层面入手，前者包括联想法、发散法、递推法等创意生成套路，后者则会基于知识积累的数据标签和案例标签进行创意经验智慧的积累。当然，洞察是这两者实现结合的前提条件。

AI 技术可以基于现有数据快速分析，其模仿和学习能力远远超过人类，如果我们对过往的案例仔细剖析，就能找出最优的创意点。所以，在创意层面，我们可以分析以往成千上万的案例，对其进行比较、拆解与重构，最终形成与用户个性需求最符合的创意点。

（3）人机交互层

在人机交互层面，用户需要输出简要的信息，机器就可以利用数据分析专家分析出目标人群的特点、消费习惯等，生成消费者洞察和利用营销策划专家生成创意内容，结合 **4A** 公司的营销方法论，最终输出完整的营销策略。

人机交互层的运作逻辑，更加关注机器辅助之下创意本身与人类之间的关系。结合生成式对抗网络、词向量、自然语言处理等 AI 技术，计算机就能将创意火花转化成人类可以理解的创意内容。其中，生成式对抗网络用来发散创意，词向量用来捕捉创意发布时机，自然语言处理则用来辅助创意概念的生成。

AI 技术可以对庞大而繁杂的数据进行量化线性分析，并进行高纬度运算；数字化分析可以进一步追踪，海量的可追踪数据还能形成规律，规律由此便可以预测。因此，根据用户行为数据对用户进行分类，对用户消费场景和行为偏好进行预测，再由 AI 媒介进行精准推送，我们就能从声量诊断、舆情监控、舆情传播路径、情感评价等角度提炼数据，从而判断投放效果，再根据监控数据与人工结合提出最优解决方案。

（4）规划层与执行层

规划层与执行层是创意配合整个营销活动的落地执行，执行是可以通过机器完成的。此外，整个营销创意的主题、趋势、结论、弱点等，都可以在这一过程中进行完善。

所谓规划，是运用推理机制、解释系统和知识获取的方式，对创意活动、落地场景或趋势进行分析和预判。而执行则是具体到视频、图文、小程序等具体创意形态上的落地过程。在 AI 技术出现之前，创意执行往往都需要人力来完成，而现在由机器辅助、完善创意的落地已经成为可能。

5.3.2　机器创意生成背后的逻辑

机器创意的生成与头脑风暴一样，背后也有其逻辑，即大数据进行交叉运算。有技术的加持，延伸出的智能创意工具可以给创意团队在进行头脑风暴的过程中的灵感发散提供重要辅助，同时提高团队的创意效率。因此，当前所谓的机器创意或智能创意，更多地被理解为团队的"创意工作台"，也就是所谓推动大创意生成的辅助协作平台。

以下三组创意案例，就是来自以创意引擎为底层逻辑的销博特平台。

第一个创意案例：爱玛电动车

根据上文创意引擎的五个层次，我们可以分析出爱玛电动车的创意营销设计流程：

（1）定位分析：根据数据库对电动车的总体消费人群进行定位分析。

（2）消费人群定位：比如定位某类消费人群是节制型，成本决定一切，理性化。这部分人群对产品的需求就是质量可靠，有助于提高效率，价格具有绝对优势，即所谓的物美价廉。做好消费人群定位和产品需求定位，将有助于后期宣传抓住重点，明确方向。

（3）机器生成的标语：根据前两步的数据定位分析、消费人群分析与对产品的需求分析，机器会自动生成"你的真爱，真爱不讲投资失败，只讲真心”品牌创意广告。这个广告标语就采取了创新的方式，以“奇”制胜，结合“真爱”话题进行宣传，使“价值获利”符合消费者对物美价廉的偏好。

（4）创意输出：这一步涵盖抽象创意和事件创意。根据相关的抽象创意关键词进行 AI 联想，提出新奇的创意想法和方案，再通过抽象与品牌的关联思考进行创新，从而获得独一无二的创意思维。之后，品牌再根据相关日期案例或其他热点事件与品牌建立联想，比如以节日节点为营销点来进行创新。而后，品牌产品就可以根据自己的喜好结合 AI 创意进行广告视频的制作与输出了。

第二个创意案例：巴黎世家

创意引擎的五个层次：

（1）定位分析：根据数据库对奢侈品的总体消费人群进行定位分析。

（2）消费人群定位：比如定位消费者人群属于传统型，渴望经典，追求高雅的情调。这类人群对产品的需求往往是质量可靠，设计与众不同，带着成功的象征。消费者所“感知”到的品牌定位与自身价值观的重合度越高，消费者就越容易与品牌产生共鸣，就越能形成偏好和忠诚度。

（3）机器生成的标语：根据以上的数据分析和消费者定位，机器就会生成“麦田里的美好”“麦田里的守望者，守望的是一个个不变的故事，一点一滴的感动，一丝一缕的温暖”的广告语。这样的广告语可以给人以无限的遐想，其“权力”的象征也符合目标人群的期待。

（4）创意输出：同样涵盖抽象创意与事件创意。根据相关抽象创意的关键词“二次元”进行 AI 联想，提出新奇的创意想法和方案，再通过抽象与品牌的关联思考进行创新，得出独一无二的创意思维。比如，根据相关日期“芒种”进行思维创新。

第三个创意案例：乐事薯片

创意引擎的五个层次：

（1）定位分析：根据数据库对喜欢零食的消费人群进行定位分析。

（2）消费人群定位：比如定位消费者是追求个性化的人，喜欢标新立异，喜欢新鲜事物，追求变化和刺激等。他们对产品的需求一般为口感好、有创意、体现青春活力等。

（3）机器生成的标语：根据以上数据定位分析与消费者人群定位，机器就会生成“何必这样子”“我喜欢的样子你都有，你喜欢的样子我都有”等广告语，直击“个性”“洒脱”的标签。

（4）创意输出：涵盖抽象创意和事件创意。根据相关的抽象创意关键词“女强人”进行 AI 联想，提出想法与方案，并通过抽象与品牌的关联思考进行创新，得到个性化的创意思维。比如根据相关日期“万圣节”进行与品牌的联想，以节日节点为营销点进行创新。

以上三个创意案例，都是通过机器来实现的。那么，机器是如何做到的呢？

这就要引入一个专业名词：专家系统。

5.3.3 创意专家系统

“专家系统”一词源于“以知识为基础的专家系统”，是一种交互式可靠的、基于计算机的决策系统，使用事实和启发式方法来解决复杂的决策问题。除此之外，专家系统还基于从专家那里获得的知识，在某些知识领域进行表达和推理。简而言之，专家系统就是一种模拟人类专家来解决领域内问题的计算机程序系统。

一般而言，专家系统是由人机交互界面、知识库、推理机、解释器、综合数据库和知识获取等六个部分构成的，其中尤其以知识库与推理机相互分离而别具特色。简单地说，我们事先将营销的知识资料储存到系统里，形成知识库，这些知识资料包括营销案例、语料、素材资料等；同时结合营销方法论、创意模板或创意的固定套路，再形成推理机。这样，在专家系统中运用输入的知识来产生一些通过规则预设而形成的系统结果，就可以解决一些只有专家才能解决的问题。因为可以模仿人类专家来解决特定问题，所以可供非专家们用来提高解决问题的效率，同时专家也可以把它视为具备专业知识的助理。

这套创意专家系统的基本结构如图 5－6 所示，其中箭头的方向为信息流动的方向。

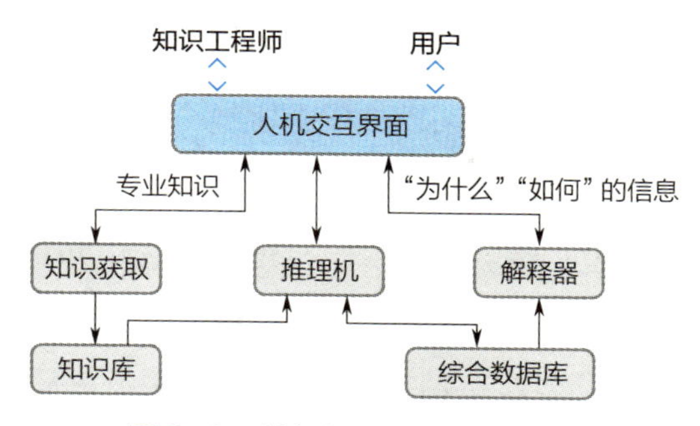

图 5-6　创意专家系统的基本结构

接下来，我们就深入了解一下这套专家系统各个部分的内容：

（1）人机交互界面：人机交互界面是系统与用户进行交流时的界面。在该界面，用户输入基本信息，回答系统提出的相关问题，协同输出的推理结果以及相关解释也是通过人机交互界面，最终由人来做出决策。

（2）推理机：推理机是专家系统的大脑，包含解决特定问题的规则。它一般是指从知识库中获取的知识，可以为知识库中的信息提供推理。当试图回答用户的查询时，它就会选择要应用的事实和规则，帮助用户解决问题。这一组成部分还有助于得出结论，让我们从诸多方法中选择合适的方法。

（3）知识库和知识获取：知识库存储相关领域的所有知识。它就像一个巨大的知识容器，是从某一特定领域的不同专家那里获得的，专家系统的成功主要取决于高精度的知识。知识获取负责建立、修改和扩充知识库，是把各种专业知识从人类专家的头脑中或其他知识源那里转到知识库中的一个重要机构。

（4）综合数据库：综合数据库是反映当前问题求解状态的集合，主要用于存放系统运行过程中所产生的所有信息及所需要的原始数据，包括用户输入的信息、推理的中间结果、推理过程的记录等。可以说，综合数据库既是推理机选用知识的依据，也是解释机制获得推理路径的来源。

（5）解释器：解释器用于对求解过程做出说明，并回答用户的提问，其中两个最基本的问题就是“为什么”和“如何”。解释器的解释机制涉及程序的透明性，它让用户理解程序正在做什么和为什么这样做，向用户提供了一个关于系统的认识窗口。在很多情况下，解释机制是非常重要的。为了回答“为什么”得到某个结论的询问，系统通常还需要反向跟踪动态库中保存的推理路径，并把它翻译成用户能接受的语言。

基于以上结构，我们设计出如下营销策略专家系统（见图 5－7）。

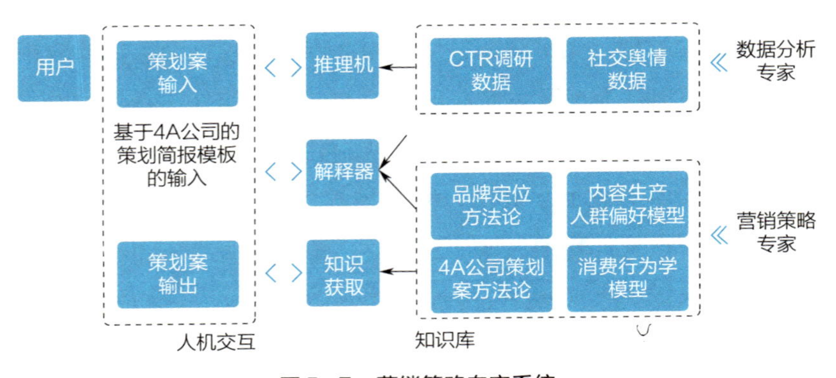

图 5－7　营销策略专家系统

根据这套系统，首先我们会基于 4A 公司的策划简报模板来设计用户输入的交互界面，其成果可以作为输出内容，如策划草案、创意概念、广告文案、视频脚本等。

其次，我们会收集资料来构建营销策略专家资料库，并将资料库构建分为两类，一类是专业知识类，包括品牌定位方法论、策划案方法论、人群偏好模型等；另一类是案例素材类，包括以往的优秀案例、营销热点、广告文案等。这两部分正好构成了专家系统中的知识库和推理机。这个由资料库及融入营销方法论的推理机而形成的专家系统，用来模拟创意人的思维方式，提出营销策略建议，进而提供更专业的创意灵感。

再次，我们需要构建一个基于品牌/产品与目标消费者之间的关系数据库，这些数据需要调研小数据、舆情大数据以及效果数据进行结合，再用数据让机器来了解品牌/产品与消费者之间的关系，从而“辨析”其中的洞察。

最后，我们将通过先进的 NLP 技术，基于词向量技术进行标签组合、标签的语义分析与关联匹配，以实现创意过程中旧元素重新组合的目的。

著名作家阿瑟·库斯勒（Arthur Koestler）在《创造的行动》一书中也阐述了以上的道理，并将创意定义为“在两种毫不相干的思维矩阵中，形成一种双向联系”。从这个角度来说，支持向量机技术可以从一个事物出发，找到相联事物，再找到不相干事物，再通过随机森林（一种新兴的、高度灵活的机器学习算法）进行组合，如此看来机器会更加擅长创意。

创意专家系统中的知识库、推理机和关系数据等内容，通过 AI 技术还可以判断这些组合的关联性，再通过量化这些组合的相关性原则（Relevance）、原创性原则（Originality）和震撼力原则（Impact），来评估这些创意的好与坏，然后通过大数据优化结果。当我们拥有了一个可衡量的结果给每一个广告创意打分的时候，算法和数据的结合就可以分辨出什么是有效的、什么是无效的，然后对此进行调整，并改善自己的表现。这就是我们所说的，当一个专家系统构建起来之后，通过数据记录来评估，并不断优化算法，迭代升级，就能使之成为一个更加智能的专家系统。

5.3.4 AIGC 营销内容生成器

如今，AI 创作已不是什么新鲜事。早在 10 年前，微软旗下的 AI 小冰就已经会画画、唱歌、写诗了。2018 年，谷歌画画小程序又在学术圈引发热议。到了 2022 年，AI 因为画画而出圈，引发高度关注。这一切的背后，是 AIGC 在模型上的技术突破。AI 技术已不限于分析已存在的事物，推荐其进行组合，而是正在产生全新的东西，就是 AI 生成内容（Artificial Intelligence Generated Content，AIGC）。这也让营销与 AI 技术相结合，再落地到生产力方面，有了更形象的想象空间。

AIGC 是指基于 AI 算法而产生的文字、图片或影片内容。研发人员会先收集大量内容样本让 AI 学习，并了解其规律，然后 AI 根据人类输入的指令，按照不同规律而生成内容。2018 年，利用 AI 技术创作的《埃德蒙·贝拉米画像》的创作者就介绍了这幅画像的创作过程：其算法由两部分组成，一部分是生成器，另一部分是鉴别器。研发人员先为系统提供了 14 世纪到 20 世纪间绘制的 1.5 万幅肖像的数据库，培养它的“艺术细胞”。生成器根据这个集合生成一个新图像，而鉴别器则负责找出人造图像与生成器创建的图像之间的差异。也就是说，它们会不断地进行视觉图灵测试，直到鉴别器无法判断哪幅是人造的，哪幅是 AI 画的。

由此可见，AIGC 技术很早就存在了，只是由于技术本身的局限性，此前人们没有很好地利用它而已。如今，我们可以认为 AIGC 是在 AI 分析能力上加载 AI 生成能力，该技术在内容形成阶段需要结合用户场景反馈的信息数据，再借助算法进行实时分析。此外，对于 NLP 技术资讯撷取、知识图表建立及 AI 交互方面的发展，神经网络都把它训练得越来越像一个专家。同时，AIGC 生成算法领域的技术积累还包含生成式对抗网络（GAN）、变微分自动编码器（VAE）、标准化流模型（NFs）、自回归模型（AR）、能量模型和扩散模型（Diffusion

Model）等。这些因素也让 AI 创造生成营销内容成了可能。如果我们用一个公式总结一下这个过程，那就是：

AIGC 内容公式 = 用户场景信息（数据）+ 专家系统（垂直知识体系）+ 内容形式（图片、文字、音频、视频等）。

成立于 2020 年的初创公司 Jasper 算是这个行业的先行者，它以“AI 文字生成”为主打产品。通过文字生成功能，用户可以轻松生成照片墙（Instagram）标题，编写 TikTok 视频脚本、广告营销文本、电子邮件内容等比较复杂的重复性工作。截至 2021 年，公司已创造了 4000 万美元的收入。

对于 AIGC 的成功，Jasper 的创始人戴夫·罗根莫瑟（Dave Rogenmoser）表示：随着 OpenAI 的 GPT-3 的出现，推出 AI 内容平台可以帮助更多企业和专业创作者集思广益，从而快速便捷地完成工作。而 Jasper 的语言模型之所以与众不同，是因为它在 10% 的网络上进行训练并针对“客户特异性”进行微调。“那些拥有最佳反馈循环的人，才能在生成式 AI 创业中获胜”，而 Jasper 的语言模型正是致力于为 AI 循环建立最佳反馈。

2022 年，在 AIGC 的大潮下，百度发布了 AIGC 营销内容生产工具“营销内容 AI 助理团”，使百度广告的单条创意制作耗时从 30 分钟降至 4 分钟，并且有近 1/3 的创意展现都有 AIGC 的参与。百度认为，营销行业是 AIGC 的“先行示范区”，而 AIGC 的参与可以让 Web3.0 时代“人、货、场”的构建效率大幅提升。

通过百度的案例我们了解到，借助 AIGC 技术，从广告创意撰写到广告物料制作，效率已经越来越高，比如标题的撰写、文字生成、图片配图，以及从文字到图片、视频，整个广告创意整体效率都会大大提高。而对于一些根据现有图文制作一段 5～10 秒的视频，更是可以依靠 AI 快速完成。不仅如此，AIGC 还能集思广益，只需要一点点输入，就能够给出很多选择，从而大大启发了创意人员。

今天，越来越多的营销人已经开始认同 AIGC 的价值，并主动选择利用 AIGC 技术。一个基于营销人群对于“创意内容技术”这一新兴概念的调研显示，74% 的受访者认为 AI 技术能够与创意产业很好地结合。具体来说，它可以提高创意生产效率、带来新的思考方向、让创意更有意义和价值等，甚至可以在自动化生成创意内容方面成为新营销的增长点。如果我们以 10 分制来定义信心指数，那么营销人对于“创意内容技术”的信心有 7.73 分，可见这一赛道已经被越来越多的人所看好。

2022 年 12 月，亚洲最大的营销机构蓝色光标也发布了 AIGC“创策图文”的营销套件，可提供创意、策划、文案、图片等内容一体化智能生成解决方案。将 AI 技术应用于内容生产端，可以在创意、表现力、迭代、传播、个性化等方面充分发挥技术优势。AI 的应用极大地提升了内容交互端的体验：从辅助生产激发灵感，逐步过渡到驱动内容创造。在这个过程中，AI 可以大幅提升对人类意识的模拟，包括洞察策划、撰写稿件（文本）、制作海报（图片）、制作视频（视频）以及创意自动生产等。

可以说，在过去的几年中，AIGC 技术已经在上述的业务场景中有了一些尝试性的探索和应用。接下来我们就具体了解一下：

（1）洞察及市场策划

利用 AIGC 技术辅助营销人员进行洞察和市场策划，这一点已被营销人所熟知。在具体执行过程中，基于决策理论、决策分析和信息价值理论开发出精确的数学算法，再加载机器学习框架来洞察分析营销环境，最终决定如何选择和计划。这些工具包括马尔可夫决策过程、动态决策网络、博弈论和机制设计等模型。我们在第 1 章谈到的 Albert 就是一家专注于提供在线广告营销解决方案的 AI 平台，这个平台利用大数据洞察进行营销活动，并对广告内容进行分析、优化，衡量营销活动的影响力。在分析决策之后，Albert 还能提供匹配的行动方案，以高效的速度和规模执行，从而帮助企业降低运营成本。

美国科罗拉多州的一家公司还开发了一套名为 CaliberMind 的 AI 系统，只要输入 100 个词，它就可以分析出人们的思维和交流模式。利用这套系统，企业不仅能对用户在情感－分析决策层面进行评估，明确用户的性格特征，还能确定具体的用户画像。

一家被誉为“具有读心术”的创业公司 Affectiva，通过使用以上算法分析人类的复杂面部表情和语言表达，来识别人类的情绪。这套方案可以帮助企业更好地识别用户对产品或服务的态度、情绪等。

此外，还有 Glimpzit 可通过 AI 分析类似图片、视频和信息等无序数据，获取客户信息，以此提供自动化营销信息及合理的客户分群建议。Motiva AI 则可以自动为每一位用户创建其独有的信息内容，通过不断学习优化，在梳理客群分类及活动规划方面起到帮助作用。

（2）生成文本

AI 技术应用于文本写作已久，比如由 AI 写作助手来撰写文章、小说、博客等。在营销方面，AI 技术主要被应用于宣传文章的撰写、特定场景软文的撰写以及秒变千篇的文章改写。早期营销软文受制于其模板化、逻辑性和贫乏的语料，没有发挥更大的作用，而 GPT-3 的出现彻底改变了这个局面。

以 Jasper 这个 AI 内容平台为例，在该平台上，用户可以借助 Jasper 生成有丰富关键词、搜索引擎优化的原创博客，还可以通过文字描述让 Jasper 帮助完成文章的创作、创建广告用语等。

Jasper 还有一个强大的工具，叫作长篇文档编辑器，它可以帮助用户编写带有 AI 辅助输出的完整文档。只要用户输入一段对目标文章的描述或要求，系统就会自动抓取数据，根据用户描述的指令进行创作。比如，我们输入的描述为“写一篇关于 AI 营销的文章，其中要包含科学广告的定义、广告发展史、人工智能发展史，两者结合的应用和对未来发展趋势的看法，同时要包含细节和举例”，并在风格上选择“专业性”，Jasper 很快就生成了一篇专业的 AI 营销文章。这背后就体现了 GPT-3 模型的创新之处，即当我们用自然语言书写一个带有任务的文本（提示符）时，GPT-3 可以自动“理解”要完成哪些任务，并将提示符理解为一种新的编程范式。

还有一款 AI 通用写作工具是 Scalenut，它是由 AI 写作算法结合 SEO 和 NLP 技术形成的，可以帮助用户创建引人入胜的内容，甚至还能帮助用户提升页面排名。Scalenut 的 SEO 助手，可以帮助用户编写针对搜索引擎优化的内容。并且它还带有 SEO 指导功能，在 Scalenut 文档编辑器中的 AI 命令比 Jasper 更加细致入微。用户可以在 AI 连接器和运算符中进行选择，从而为 AI 文案助理提供更多关于自己要求的内容的提示。

在这个赛道中，Persado 还将行为心理学纳入其中，利用自然语言处理和机器学习来自动生成基于用户行为和态度的数据，再通过数据分析发现可以引起消费者共鸣的情感，继而自动生成有说服力的文案。Persado 将营销创意分解为六个关键要素，分别为叙事、情感、描述、号召性用语、格式和文字定位。通过对各类元素的组合，该平台能为每一位用户确定交流的个性化措辞，从而用于社交媒体广告、店内展示横幅甚至广播内容等，提高品牌的参与度和转化率。

一直以来，营销人员都在通过“感觉”来确定“对的人”“对的地方”和“对的时间”。而现在，机器学习又开始着手处理“对的信息”。营销人员利用机器学习创作的内容和情感触发器，就能与消费者产生强烈共鸣，这将有助于品牌与消费者产生更深层次的联系，也真正做到了一对一的个性化服务。未来，机器自动生成的内容将会开始与人工撰写的内容相竞争，而基于数据反馈创作出的营销内容也终将超越人类创作的水平。

（3）创作图像

在创作图像方面，AI领域最具代表性的平台系统有4个，分别是Midjourney、DALL—E 2、Imagen和Stable Diffusion。在这些应用系统中，用户只需要输入文字描述，计算机就可以通过NLP识别用户语意，并翻译成计算机语言，再结合后台数据（这些数据集主要通过自有素材或机器人爬取公开版权的内容获得），自动生成一张图像作品。

Jasper也推出了创作图像的Jasper Art系统，同样可以根据文字生成不同风格的图像。用户只需要输入一段文字描述，再选择一种风格，Jasper就能自动生成一张图片。如此一来，Jasper用户在撰写完一篇文章后，就可以通过输入描述文字的方式，形成一篇图文相配的作品。

Jasper 是从文本创作到图片生成，而 Canva 可画则是从图片设计向文本创作迁移。用户在选择自己喜欢的模板之后，通过简单修改，就能在几分钟内产生海报、简历、横幅、名片等各类设计。截止到 2021 年年底，Canva 可画宣称自己能够帮助用户创建超过 70 亿个设计作品，平均每秒有 120 个设计作品诞生。

2022 年，Canva 可画又发布了基于 GPT-3 的新功能 Magic Write。它的核心作用是在 Canva 给出的可视化预制模板中留出一些空白页面，当用户点击向空白页面“添加一些东西”的图标，在其中写下自己想要的内容并点击“回车”后，计算机就能根据用户指令给出连贯的文本。在 Canva 看来，文字是需要图片来陪衬的。如果只是广告海报设计，那么图片也需要找到一些精彩的文字来诠释，从而形成一个完整的作品。

这就意味着，一个广告设计师使用 AI 绘画软件 Midjourney 寻找创作灵感时，他就可以使用 Jasper 从文字入手开启海报设计模式，也可以使用 Canva 从图片入手来完成创意小样。在这个过程中，我们原本是在数据库中搜索库存照片，如今却可以使用图像生成工具自己创建一张新的图片了。

（4）生成 AI 视频

2022 年 9 月，Meta 公司（原 Facebook）推出了由文本生成到视频生成的系统 Make – A – Video。它可以根据用户给定的一段话，生成一个时长几秒钟的短视频。

此后，谷歌也发布了基于 Imagen 衍生的 Imagen Video 模型，它可以生成 1280 × 768 分辨率、每秒 24 帧的视频片段，而且还能按需生成不同的艺术风格，比如水彩画、像素画、梵高风等。而谷歌的另一款更强大的生成视频模型 Phenaki，还可以随意切换视频的整体风格，并在文本描述中补充添加剧情，使视频形成一个完整的故事。由此可以看出，AI 生成视频已经不仅仅是图片的拼接和动效的拼接了，还逐渐有了专业编导的视角。

Runway 是一家将机器学习与 AI 集成到艺术和创造力领域的公司。该公司的产品可以快速将照片拼接成视频，在几秒钟内平滑地融合帧，帮助创作者节省很多时间，并有助于增加艺术感。它还可以轻松地替换掉视频背景或是突出显示，甚至能删除特定的对象。

还有的公司会选择将 AI 视频与虚拟人结合起来，创作者和公司可以使用 Synthesys，通过口型同步 AI 视频技术创建视频，帮助用户在短短几分钟内获得视频内容，比如解说视频和产品教程等。这也意味着，未来我们不需要再依靠摄像机或摄制组，只需要选择一个虚拟形象，再选用它所支持的 66 种语言中的一种输入脚本中，这个工具就会自动产生一个高质量的视频。

除了以上洞察、文本、图片、视频的内容生成在营销场景中使用 AI 技术外，还有一款 Murf 语音生成器也运用了 AI 技术。

它可以将文本转换为语音和旁白，或将语音转录成文字。而另一款 AI 语音编辑软件 Descript 则可以克隆用户的声音，还可以从用户录音中创建语音模型，这时如果你说错话并需要纠正部分音频时，就不需要重新再录了，因为 Descript 已经为你准备好了语音克隆。以上这些语音生成器都可以帮助用户从文本中创建语音，以便应用于广告生成文本。

在创意提示方面，蓝色光标集团销博特技术团队与创意中心合作，基于创意方法论将创意的关键点定义为人（用户标签）、货（产品卖点）、场（用户场景）。用户只需要输入用户场景、用户标签、产品卖点和品牌名，就可以通过 NLP 技术获得启发短语来捕获创意火花，同时还能通过 AI 技术计算创意组合中相关元素之间的关联性而产出内容。

如今，基于大模型的加持，AI 创意又向前推进了一步。比如，亚伦·阿德勒（Aaron Adler）开发了 Daydrm. AI，据开发团队介绍，该网站的广告创意 AI 工具是基于戛纳广告获奖作品、ONE SHOW 国际创意奖作品以及 D&AD 等专业广告创意大奖获奖作品的数据训练而形成。广告营销人使用该工具，只需要输入背景介绍、洞察、创意形式及人群等信息，AI 就可以按需生成策略简报和创意概念。虽然目前该版本的策略或创意产出还处于初级阶段，但是使用大模型来生成创意已经有了新的尝试。

AI 正在改变广告创意的前景，使生成文字、图像和视频等比以往任何时候都更加便捷、容易。而随着 AIGC 在营销行业的推广和应用，我们也将进入到人机共创的时代，营销人与 AI 技术结合，AIGC 也真正开始在营销内容领域发挥作用，降本增效，提供参考创意。假以时日，这种人机交互的模式还将逐渐形成一个持续运营的内容体系，催生出新的业态，而 AIGC 的自主生成也将得以实现。

未来，AI 将为我们做更多的事情。也许在某种程度上，从零开始创作的传统模式会建立在 AI 启发的基础上，创作者也更多地变成为选择者，去挑选并引导一系列的 AI 平台创造满足自己的愿景的东西。AI 也将成为营销人的分析师、创意师、文案或设计师，而营销人坐在决策者的椅子上，只需要引导它把自己的想法变成现实就可以了。

5.3.5　案例：丰田氢能源汽车 Mirai

丰田氢能源汽车 Mirai 是丰田的未来旗舰车型，其目标消费者是“科学怪客”和“潮人”。为了更精准地对其进行传播，丰田和盛世长城广告公司（Saatchi & Saatchi）颠覆了传统广告方式，为每一类人群，甚至每个人都创作了不同的广告文案。

为了实现这一目标，盛世长城广告公司请来了 IBM 的“超级电脑”沃森。首先，该公司根据各类人群的特点、行为、知识和职业等数据描述了详细的人群画像，解释了汽车的功能，基于此为这一广告系列设置了一个框架。然后，工作人员再用这些脚本训练沃森。在经过两个半月的训练之后，沃森学会了怎样将单词和短语拼凑起来，以及怎样让这些拼凑起来的句子更人性化。

之后不久，由沃森操刀制作的大量广告开始在脸谱网上投放。这一系列广告以“Thousands of Ways to Say Yes”（成千上万种说“是”的方式）为主题，文案基于 100 多个不同的人口统计特征而定制，各不相同，如：“Yes，it's Mother Nature approved”(是的，这是被大自然所认可的)，“Yes，this car is an ode to tech”(是的，这辆车是对科技的歌颂)，“Yes，the future is available now”(是的，未来触手可及)，等等。根据对受众的大数据分析，沃森会向他们推送与他们高度相关的广告内容。

公司要培养一个合格的初级文案写手一般需要两三年，而培养沃森只用了两个半月。以最初的 50 个文案为参考，采用深度学习和自然语言处理等方法，沃森学习了油管和维基百科上的大量视频，并学习如何进行文案创作。

后　记

广告是品牌主与消费者之间沟通交流的桥梁，是两者之间信息交流和分享的纽带。然而近几年来，广告行业却面临着多重挑战，上有越来越严格的规范化政策约束，下有越来越不明确的消费者需求，这一切使得广告主们对于广告营销的转变要求更强烈，广告行业也面临着突破与变革。

随着 ChatGPT 的普及，AI 的出现和持续推广，整个广告营销市场的技术变革进一步显现。在 AI 技术背景下，广告从内容生产到市场细分、营销渠道等，逐渐迎来翻天覆地的变化，由传统的营销模式逐渐走向智能广告营销。而 AIGC 商业化的出现，对于广告行业来说更是一场“及时雨”，它既能对消费者行为和心理进行深入分析，帮助广告从业人员了解消费者内心的真正需求，还能凭借强大的生成能力创作出营销活动需要的创意素材。不过，AIGC 的价值还远不止生成内容，品牌可以通过多模态内容生产效率的提升，全面深入营销全链路，在消费者购买的不同阶段，生成不同内容激发其兴趣，加深消费者对品牌的认知与共鸣。

2022 年 1 月，蓝色光标集团销博特推出了“2022 元创版本”智能策划模板，该版本主要聚焦营销策划场景下的多人协同创作。使用该模板，用户只需要填写简报，而后发起一个营销策划项目，由 AI 进行数据推断，仅需 30 分钟即可生成一个策划方案，之后由用户邀请专业人员参加，共同参与研讨，最终将策划方案形成的时间缩短至 2 ~ 3 天。而此前，这项工作需要由多种角色的人才组成专业小组，历时数周才能完成。

2023 年年初，就在我精心写作这本书时，在中国的广告集团便已经开始布局 AIGC 技术在营销领域的应用实践。“因赛引擎 INSIGHTengine”应用 AI 和大数据分析技术，开发出了多个功能和产品，如“创意数字资产管理工具”“智能模板生成工具”“智能创意编辑工具”“智能创意延展工具”等。利欧数字推出了面向营销全行业的 AIGC 生态平台“LEOAIAD”，并与奥创光年达成合作，将 AI 对生产力的优化能力从图文进一步扩展至视频内容的创作。华扬联众基于多年大数据进行私有化训练和部署，发布了 AIGC 工具 HiGC 智能营销平台、品牌 VI 管理工具 BrandAI 等多种华扬联众特色的 AI 工具。三人行与科大讯飞合作，共同开发了基于下一代 AI 技术的多模态智能营销工具，即营销领域的专用大模型及基于该模型的 SaaS 化部署智能营销软件。蓝色光标集团自从布局元宇宙以来，也将 AI 定为公司的三条技术主线之一，并提出了 AIGC 整体解决方案，该方案结合了内容营销业务“Know – How”（懂得如何做），为客户提供了创意、策划、文案、图片、视频、语音等内容一体化智能生成解决方案。2023 年 5 月，蓝色光标又提出 All in AI（总而言之）战略，全方位布局 AIGC，打造“BlueFocus AI”，专注于行业模型及在应用层面的创新。

由此，我们见证了 AI 技术“爆炸式”的成长速度，也见证了 AIGC 的强大功能。然而，这也引发了行业从业者的担忧乃至恐慌，认为 AI 技术已经威胁到行业底层画师、视频创作者的生存。实际上，AIGC 只是一种新型生产力，而生产力是由人、产品、工具三个要素组成的，所以 AIGC 最多算是一种新型工具，其内容是产品。对于用户而言，他们并不关注内容是由人、机器还是二者合作生成的，只要自己喜欢就行了。

因此，AIGC 赛道的挑战是在“人”上，其生成内容也依赖于人的智慧与劳动，创作的主动权仍然掌握在人的手中。

所以，我希望我的这本书既可以为广告从业者提供一些帮助，也能带给他们一些启示。在应用 AI 技术的时候，你也要清醒地知道，无论你是持接纳态度，还是抵触态度，都不可能阻挡 AI 时代的到来。AI 技术终将深入我们的生活，影响甚至改变我们的思维方式、创作过程、工作流程等。与其担忧，倒不如拥抱这个变革的时代。蒸汽机推动了生产效率的提高，AIGC 也会在广告行业中发挥重要的推动作用。我也相信，在 AI 技术的加持和推动下，广告行业的发展会越来越好，未来可期。

在本书稿完成之际，我还想表达一下我最深挚的感谢之情。

首先，我要衷心感谢北京工业大学的李静教授，您的指导和教诲是我撰写本书的灵感与动力源泉，您在专业领域中的深厚学识和丰富经验更是让我受益匪浅。

其次，我要感谢编辑康宁老师，您的专业编辑能力和审校工作使我的文字更加准确、通顺，您的批评和建议让我对自己的作品有了更深入的认识和反思，您对这本书整体结构的把握和对细节的关注，使书稿内容更加完善。

此外，我要感谢与我一起共事的伙伴们，特别是销博特团队的袁志军、董云峰、刘春彤、闫欣、周少洋和解永亮等人。你们的专业能力和团队合作精神为我提供了有力的支持和帮助。感谢你们与我一同践行 AIGC 营销理念，共同努力打造销博特 AI 营销助手，为市场营销领域带来创新和进步。

最后，我要感谢所有支持我的家人们、朋友们和读者们。你们的鼓励和支持是我前行的动力和勇气，没有你们，我就无法完成书稿的写作。谢谢大家！